Bertram Wallrath

Das keltische Baum-Horoskop

Magie und Heilkunde der alten Druiden

Reihe BewußtSein

Smaragd Verlag

Überarbeitete und erweiterte Auflage des 1984 im Verlag
Bert Schlender, Göttingen, erschienenen Titels
„Bäume lügen nicht“.
3. Auflage Februar 2001
Smaragd Verlag, Woldert (Ww.)
Satz: DTP-Service-Studio, Rheinbrohl
Printed in Czech Republic
Cover Art: Ananda Kurz Pilz/Agt. W. Holl, Aachen
ISBN 3-926374-45-4

Inhaltsverzeichnis

Das keltische Horoskop

Daten	Baum		Zuordnung	Seite
23.12. - 01.01.	Der Apfelbaum	-	die Liebe	51
02.01. - 11.01.	Die Tanne	-	das Geheimnisvolle	57
12.01. - 24.01.	Die Ulme	-	die gute Gesinnung	63
25.01. - 03.02.	Die Zypresse	-	die Treue	71
04.02. - 08.02.	Die Pappel	-	die Ungewißheit	77
09.02. - 18.02.	Der Zürgelbaum	-	die Zuversicht	83
19.02. - 28.02.	Die Kiefer	-	wählerisches Wesen	89
01.03. - 10.03.	Die Weide	-	die Melancholie	95
11.03. - 20.03.	Die Linde	-	der Zweifel	103
21.03.	Die Eiche	-	robuste Natur	21
22.03. - 31.03.	Die Haselnuß	-	das Außergewöhnliche	109
01.04. - 10.04.	Die Eberesche	-	das Feingefühl	115
11.04. - 20.04.	Der Ahorn	-	die Eigenwilligkeit	121
21.04. - 30.04.	Der Nußbaum	-	die Leidenschaft	127
01.05. - 14.05.	Die Pappel	-	die Ungewißheit	77
15.05. - 24.05.	Die Kastanie	-	die Redlichkeit	133
25.05. - 03.06.	Die Esche	-	der Ehrgeiz	139
04.06. - 13.06.	Die Hainbuche	-	der gute Geschmack	147
14.06. - 23.06.	Der Feigenbaum	-	die Empfindsamkeit	153
24.06.	Die Birke	-	das Schöpferische	31
25.06. - 04.07.	Der Apfelbaum	-	die Liebe	51
05.07. - 14.07.	Die Tanne	-	das Geheimnisvolle	57
15.07. - 25.07.	Die Ulme	-	die gute Gesinnung	63
26.07. - 04.08.	Die Zypresse	-	die Treue	71
05.08. - 13.08.	Die Pappel	-	die Ungewißheit	77
14.08. - 23.08.	Der Zürgelbaum	-	die Zuversicht	83
24.08. - 02.09.	Die Kiefer	-	wählerisches Wesen	89
03.09. - 12.09.	Die Weide	-	die Melancholie	95
13.09. - 22.09.	Die Linde	-	der Zweifel	103
23.09.	Der Ölbaum	-	die Weisheit	37

The old Caledonian Forest

Often towards nightfall
there's a feeling in the air ...
of the oldness of the land.

Two simple lines make the valley:
it is twilit, the edge becoming lighter
where the dark part ends.

The ground, an earthy, clayey red,
the sky, a mineral ruby red;
they are a general field of cadmium.

History vitrifies in its fires.
By hindsight, we are looking back
through this glassy evening

back through the acre and a quarter
of original forest,
to the people of its designs.

users of the wood.

    Further still, our
native tree shoots up young and small
to tip with spires of fir again.

Old age it is, that makes him
tall but mature, flat-topped,
impersonating us.

VALERIE GILLIES

Der alte kaledonische Wald

Oft, kurz vor Einbruch der Nacht
liegt eine Stimmung in der Luft ...
dann spürt man das Alter des Landes.

Zwei einfache Linien bezeichnen das Tal:
es ist im Zwielicht und wird an der Kante heller,
dort, wo der dunkle Teil endet.

Der Boden, ein erdiges, lehmiges Rot,
der Himmel mineraliges Rubinrot;
sie sind ein weites Feld von Kadmium.

Die Geschichte wird zu Glas in seinen Feuern.
Wenn wir Rückschau halten, blicken wir durch diesen gläsernen
Abend

zurück durch die eineinviertel Morgen
ursprünglichen Waldes,
auf die Menschen seiner Planung.

Waldbenutzer.

Weiter noch, da
sprießt unser heimatlicher Baum auf, jung und klein,
um sich erneut mit Spitzen von Nadeln zu krönen.

Das Alter ist's, das macht ihn
groß aber reif, und oben platt,
eine Parodie auf uns.

Übersetzt von HEIN VERSTEEGEN

Die Wahrheit über das "Keltische Baum-Horoskop"

Der Wunsch des Menschen zu klassifizieren ist uralt, und irgendwann hat er auch begonnen, die Psyche und die Physis des eigenen Geschlechts einzuteilen. So entstanden die verschiedenen Horoskope. Neben dem des Abendlandes, welches auf der Astrologie beruht, sind auch andere wie das "chinesische" oder das "indianische" wohlbekannt. Fast alle Völker haben ein eigenes Horoskop entwickelt, und daß ausgerechnet die Kelten kein Horoskop gehabt haben sollen, wäre eigentlich unlogisch und inkonsequent. Mangels ausgiebiger schriftlicher Überlieferungen kannten wir nur den "13-Segment-Rhythmus", der analog den Mondzyklen bzw. der westlichen Sternzeichen zwölf Bäume dem Jahr zuordnet, nebst einem zusätzlichen Baum, der die "Rauhnächte", die Zeit zwischen den Jahren, regiert.

Um so überraschter war der Göttinger Verleger Bert Schlender, als ihm Anfang der achtziger Jahre von der Autorin Annemarie Mütsch-Engel ein "Keltisches Horoskop" vorgelegt wurde. Dieses keltische Horoskop war angeblich in Polen tradiert und von einer Volksdeutschen auf ihrem Weg in die alte neue Heimat in polnischer Sprache mitgebracht worden.

Zur Horoskop-Einteilung wurde bei allen Völkern und Kulturen Naheliegendes benutzt; in aller Regel Tiere - vom Widder bis zum Fisch im Abendland, vom Affen bis zum Pferd in China und vom Puma bis zum Frosch bei den Indianern. Daß die Kelten die Bäume verehrten, ist bekannt, daß in den Bäumen ihre Gottheiten "wohnten", auch. So war also ein von 21 Bäumen regiertes "Horoskop" logisch und paßte in die bekannten geschichtlichen Gegebenheiten - um so mehr, als sich frappierende Parallelen mit dem abendländischen Horoskop ergaben, wie der Kieler Winfried Bartnick in der ersten Ausgabe herausarbeitete. Eine große deutsche Boulevardzeitschrift griff sofort die faszinierende Idee "Das neue Horoskop - Jeder Mensch ein Baum" auf und besorgte sich eine Lizenz des Buches "Bäume lügen nicht - Das keltische Horoskop" von dem Göttinger Verleger. Rasch folgten diverse Taschenbücher, die mit großem Erfolg verkauft wurden.

Da sich die Lizenznehmer in der Folge weigerten, die vereinbarte Lizenz zu zahlen, da es sich ja um eine "allgemein zugängliche" Tradition handele, sah sich der Verleger Bert Schlender gezwungen, die Herkunft in Polen nachzurecherchieren, zumal von seiten der Boulevardzeitung abenteuerliche Geschichten von alten Manuskripten, die in einem geheimen polnischen Kloster ihren Besitzer wechselten, kolportiert wurden. Bei der Recherche kam dann Überraschendes zu Tage. Das von der Volksdeutschen mitgebrachte, "in Polen tradierte" handschriftliche Textkonvolut war nichts anderes als eine Abschrift aus einem polnischen Gartenkalender. Weitere Nachforschungen und der versteckte Hinweis auf eine Autorin namens "Marie Claire" ergaben, daß auch dieser polnische Gartenverlag lediglich abgeschrieben bzw. "abübersetzt" hatte, und zwar aus der französischen Frauenzeitschrift "Marie Claire" (sic!).
Der Göttinger Verleger Bert Schlender fuhr also nach Frankreich zur Redaktion "Marie Claire" und verbrachte einen ganzen Tag im Archiv dieses angesehenen Magazins. Dann war das Rätsel gelöst: Anfang der siebziger Jahre erhielt die französische Kulturjournalistin Paule Delsole von der Redaktion den Auftrag, einige neue "alte" Horoskope zu entwickeln. Paule Delsole machte sich an die Arbeit, und so entstand nach eingehenden Studien der jeweiligen Kulturen ihre Folge von "Horoscopes insolites", unter anderem ein "Horoscopes Gaulois" (das vorliegende "Keltische Horoskop"), ein "Horoscopes Arabes" (inzwischen ebenfalls auf deutsch erschienen!), ein "Horoscop Tibetains" (das noch auf seine deutsche Entdeckung wartet) und verschiedene andere. Paule Delsole hatte sich mit viel Fingerspitzengefühl in die Gedankenwelt und die Überlieferungen der jeweiligen Völker hineingedacht und so die verschiedenen Horoskope entwickelt. So auch das "Keltische Baum-Horoskop" welches geradezu kongenial die Gefühlswelt der keltischen Gallier und ihrer Beziehungen zu den Bäumen widerspiegelt. So könnte also ein "keltisches" oder "gallisches" Horoskop ausgesehen haben, wenn es eine gesicherte Überlieferung gäbe.
Aber spielt es denn eigentlich eine Rolle, ob dieses "Baumhoroskop" überliefert oder erfunden wurde?

Wenn wir uns in den Charakteriologien wiedererkennen, dann ist das ebenso richtig oder falsch, wie bei unserem bekannten Horoskop mit den zwölf Sternzeichen. Wer sagt uns denn, ob nicht auch dieses astrologische System einmal irgendwann von irgendjemand erfunden wurde?
Doch hat die Geschichte des "Keltischen Baumhoroskopes" noch ein amüsantes Nachspiel. Die bekannte Boulevardzeitung und ihre Subverlegerin Cornelia Ahlering aus Hamburg, die sich so standhaft weigern, ihre Lizenzen zu bezahlen, hatten sich für ihre diversen Taschenbücher natürlich "fachlich kompetente" Hilfe geholt. Bekannte Astrologen wie z.B. Alexander Morin oder Peter Wutta oder aber Gerhard Ritter in einem großen Taschenbuchverlag, hatten sich alle auf die alte "keltische Tradition" berufen. Auch der Autor des Buches "Keltischer Baumkreis", Michael Vescoli, wies das Ansinnen, er habe aus dem Göttinger Buch "Bäume lügen nicht - Das keltische Horoskop" abgeschrieben, weit von sich. Was alle diese "Fachleute" übersehen hatten, war die Tatsache, daß sich auf den verschlungenen Wegen von der französischen Frauenzeitschrift über den polnischen Gartenkalender bis zu der Göttinger Ausgabe ein schlichter "Übersetzungsfehler" eingeschlichen hatte: so wurde aus dem Zeichen "Micocoulier" (09.-18.02.+14.-23.08.), dem schönen, in Frankreich beheimateten Zürgelbaum, den die Polen natürlich nicht kannten, die den Kelten unbekannte "Zeder". Und alle anderen, in Deutschland erschienenen "Keltischen Baumhoroskope", die sich auf alte Traditionen berufen, enthalten diese "Zeder". Auch dann, wenn das mit rethorischen Verrenkungen verbunden ist, um zu erklären, wieso ausgerechnet die den Kelten unbekannte Zeder in deren Horoskop vorkommen soll (Zitat aus M. Vescoli: „Mancher Baumkenner wundert sich wohl, wie die Zeder in diesen uralten Baumkalender hineingeraten ist. Sie ist zwar der meistzitierte Baum in der Bibel, aber die erste Libanonzeder kam doch erst 1646 nach Europa und wurde im Pfarrgarten von Childrey im Themsetal gepflanzt."). Mit anderen Worten, alle, alle haben aus dem Buch "Bäume lügen nicht - Das keltische Horoskop" des Göttinger Verlages Bert Schlender abgeschrieben.

Wir auch! Nur mit dem entscheidenden Unterschied, daß wir die ausdrückliche Genehmigung des Verlegers Bert Schlender haben (und uns dafür bedanken), und daß wir diesen Übersetzungsfehler selbstverständlich korrigiert haben. So liegt also hier erstmals in deutscher Sprache das komplette und korrekte "Keltische Baumhoroskop"vor, so wie es vor rund zwanzig Jahren entwickelt wurde. An Stelle der "falschen" Zeder, steht nun der "richtige" Zürgelbaum. Um Ihnen aber trotzdem die "frappierenden Parallelen" zum abendländischen Horoskop aufzuzeigen, zitieren wir nachstehend aus dem Vorwort der Göttinger Erstausgabe von Winfried Bartnick. Nebst dem Studium und dem Genuß der "Bäume" im eigenen Freundes- und Bekanntenkreis über die eine oder andere Zypresse oder Haselnuß, bleibt dann noch das Amusement über bekannte und historische Persönlichkeiten: Napoleon I. als Zürgelbaum, Albert Schweitzer als Ulme, Soraya als Apfelbaum oder Luther als Nußbaum.

Auch das magische und heilkundliche Wissen der keltischen Druiden ist natürlich nicht schriftlich, sondern nur mündlich überliefert worden. Aber es fand Eingang in die vielfältige mittelalterliche Literatur über Heil- und Kräuterkunde, und dort sind wir fündig geworden. Aus dieser Fülle alten Wissens haben wir ausgewählt und so entstand aus der Kombination von Paule Delsoles "Horoscopes Gaulois" und den Folianten mittelalterlicher Heilkundiger das vorliegende Buch.

Bertram Wallrath im
Monat der Pappel 1995

Das "Keltische Baum-Horoskop" im Vergleich zu den zwölf Sternzeichen

Vier Bäume regieren nur jeweils einen Tag, und zwar Tag- und Nachtgleiche (Eiche und Ölbaum) sowie Sonnen-Höchst- und Tiefstand (Birke und Buche). Sie entsprechen also jeweils 0°°Grad der kardinalen Zeichen (Widder, Krebs, Waage, Steinbock) und somit, übertragen ins Häusersystem, den Achsen, also Aszendent, Deszendent, MC und IC. Dies sind Punkte, die in der westlichen Astrologie als äußerst wichtig angesehen werden - individuelles Verhalten und Verhalten gegenüber dem "Du" - Beruf und Berufung sowie Intuition, Heim, Kinder, Kindheit und Heimat. Erstaunlich genug diese ersten Übereinstimmungen, aber es geht mit ähnlich überraschenden Parallelen weiter. So ist jedem Baum - mit zwei Ausnahmen - jeweils eine Dekade, d.h. ein Drittel, also 10° Grad eines jeweiligen westlichen Sternzeichens zugeordnet, aber auch genau die oppositionelle Dekade. Das heißt zum Beispiel: die Kiefer regiert sowohl über die erste Dekade

Fisch als auch über die erste Dekade Jungfrau. Diese Zuordnung entspricht nun aber haarscharf dem, was die Astrologie dieses neuen Zeitalters formuliert: Eine Opposition ist nicht der zerstörende, katastrophale Aspekt, was ihm noch bis vor wenigen Jahrzehnten nachgesagt wurde, sondern oppositionelle Zeichen werden von einer gleichgerichteten Problematik beherrscht, deren Lösungswege al-

lerdings genau entgegengesetzt sind. So führt H. H. Taeger in seinem Buch „Astroenergetik“ die einzelnen Sternzeichen jeweils in oppositioneller Reihenfolge ein, und so sind diverse Astrologen zu der Überzeugung gekommen, daß nach der Konjunktion - dem Parallelschein - die Opposition die intensivste Beziehung zwischen Planeten ist. Weiterhin werden neuerdings auch heliozentrische Horoskope erstellt - die Sonne also im Mittelpunkt. Zwangsläufig steht die Sonne im heliozentrischen Horoskop genau in Opposition zum geozentrischen, herkömmlichen erdbezogenen Horoskop.
Ein weiteres, sinnreiches Argument für die oppositionelle Aufteilung des Baum-Horoskops.
Die Dekanats-Einteilung hingegen gerät momentan leider mehr und mehr in Vergangenheit. Während bei traditionellen Astrologen bis hin zu Gazetten-Wochen-Horoskopen die Drittelung der Sternzeichen gegenwärtig ist, wird sie jedoch von den neuen Astrologen übergangen oder geleugnet. Doch auch diese altüberlieferte Möglichkeit der Differenzierung erhält einen neuen Sinn: Transpluto - berechnet, aber noch nicht gesichtet - läuft in einem Zeitalter (gut 2000 Jahre) 3 mal um die Erde, durchschreitet bei einem Umlauf also genau ein Dekanat eines Zeitalters.
Bleiben also zwei Bäume, bei denen Unregelmäßigkeiten auftauchen: die Pappel und der Nußbaum. Rein rechnerisch werden für den kompletten Baumkreis 18 Bäume benötigt. Da 4 Bäume vergeben sind für die markanten Sonnenstände, bleiben leider aufgrund des Zahlenmystizismus der Kelten nur 17, um den Kreis aufzuteilen. So wird dann der Pappel nicht nur die zweite Dekade Wassermann und Löwe zugeteilt, sondern auch die zweite Dekade Stier. Und so herrscht der Nußbaum nicht nur über die erste Dekade Skorpion bzw. Stier, sondern auch über die zweite Dekade Skorpion. Den Zahlen ist damit Genüge getan.

Vom Wesen der Bäume und das „Keltische Baum-Horoskop“

‘Gott pflanzte einen Garten in Eden, im Osten, und setzte dahinein den Menschen, den er gebildet hatte. Und Gott der Herr ließ aus dem Erdboden allerlei Bäume hervorwachsen, lieblich anzusehen und gut zu essen, den Baum des Lebens mitten im Garten und den Baum der Erkenntnis des Guten und Bösen’ so berichtet die Bibel.

Der Garten Eden war also weniger ein Garten in unserem heutigen Sinn als vielmehr ein Hain - ein heiliger Hain, in dem Gott wandelt. Und die Bäume des heiligen Haines waren ‘gut zu essen’.

Das zeigt zweierlei: Bereits die frühesten Menschen verehrten Gott in einem Hain - diesen Ort des Gottesdienstes gibt es in vielen alten Kulturen; zweitens nutzten die Menschen früher von Bäumen viel mehr zur Nahrung als wir heute, die wir eigentlich nur noch die Baumfrucht als Obst oder Nuß verzehren. Früher wurden viele Baumteile gegessen - zwar manche nur in Hungerzeiten, wie

Baumrinde und Eicheln - aber andere, besonders die Blätter, gehörten zur üblichen Nahrung der Menschen und auch der Haustiere. Wenn sich das Wildgemüse wie Löwenzahn, Brennessel und Wegerich noch nicht hervortraut, dann haben manche Bäume schon winzig grüne Blätter; alle haben bereits Knospen, denn die sind ja schon im Herbst vorgebildet und überdauern unter ihrer Harz-Schutzschicht den Winter. Diese Knospen samt Harz waren nach dem Winter früheste frische Nahrung und gleichzeitig Medizin, denn sie bieten alle Baumschätze in konzentrierter Form.
Selbstverständlich nährten sich die Menschen früher vom Baum, denn in vorgeschichtlicher Zeit war der größte Teil der Erde mit Urwald bedeckt. Aber nicht nur Nahrung lieferte er, sondern viel mehr: Heilmittel und Kosmetika, Gerb- und Farbstoffe, Kleidung aus Bast und Wurzelwerk, Holzschuhe, Matten und Teppiche, Matratzen aus Laub, Wurzelbürsten und Besen, Musikinstrumente, Hausgeräte wie Holzgeschirr und -besteck, Bau- und Möbelholz wie auch heute noch. Dazu kommt seine unschätzbare Eigenschaft der Sauerstoffherstellung.
Ja, der Mensch kann ganz allein vom Baum leben!
Daher verwundert es auch nicht, daß der Baum einen so hohen Stellenwert in allen Mythen einnimmt; so bei Afrikanern und Indianern, Japanern und Indern, Griechen und Römern, Kelten und Germanen: Der Baum wird als Wohnstatt der Götter angesehen, ja, sogar als Gottes-Verkörperung.
Viele Mythen berichten vom 'Weltenbaum', manche auch von der Erschaffung der Menschen aus Bäumen, z.B. die germanische: Der Göttervater Odin fand zwei angeschwemmte Bäume und schuf daraus das erste Menschenpaar; den Mann aus einer Esche und die Frau aus einer Ulme - oder, nach anderer Überlieferung, aus einer Erle.
Sowohl im Weltenbaum wie auch im Menschenbaum wird die Dreigliederung des Baumes deutlich:
Zuunterst ist der Wurzelbereich, Hel und das Schicksal, Bein- und Bauchbereich des Menschen, das Grobstoffliche, aber auch das Unbewußte. Sind Grund und Wurzeln fest, kann sich der Baum getrost entwickeln.

Das mittlere Wesensglied ist der Stamm, tragende Säule, Leib mit Rückgrat, das Diesseits, die Mitte und das Feinstoffliche, die Verbindung zwischen Unterbewußtem und Überbewußtem.
Das höhere Wesensglied ist die Krone, der Kopf, das Geistige und die Verbindung zu höheren Welten.
Entsprechend diesen drei Wesensgliedern kann man auch den Nutzen, den der Mensch vom Baum hat, benennen:
Die grobstofflichen Teile sind die materiellen Stoffe wie Holz und alles, was daraus gemacht wird, sowie Bast, Ruten zum Flechten, alle Nahrungsmittel und viele der Heilmittel; aus dem feinstofflichen Bereich nutzt man z.B. Duftstoffe, Blütenessenzen, homöopathische Mittel und durch 'Anstellen' die gesamte Baumkraft; und dann ist der Baum für uns ein Mittler zu höheren geistigen Welten, die sich in ihm oder bei ihm manifestieren.
Aber nicht nur die heilige Zahl Drei sondern auch die heilige Zahl Sieben steht mit dem Baum in Verbindung, denn seine Struktur ist siebenfach: Wurzeln; Rinde und Holzstamm; Geäst, Blätter, Blüten und Früchte.
Aus drei mal sieben, also aus einundwanzig Bäumen, setzt sich unser Horoskop zusammen. Dieses Baumhoroskop stammt aus Polen und ist keltischen Ursprungs; es wurde mündlich überliefert und dabei im Laufe der Zeit natürlich verändert.
Von 500 bis 200 vor Christi war in Mitteleuropa die Hochblüte der keltischen Kultur. Von hier aus breiteten sich die Kelten - auch die Gallier genannt - nach Süden, Westen und Osten aus. In Nordosteuropa saßen die Germanen, dahinter die Slawen. Aber die Kelten kamen bis nach Schlesien, nach Böhmen und Mähren, bis in den Südwesten Polens und auf die britischen Inseln. In Irland und Schottland blieben sie noch längere Zeit unbesiegt; von dort stammen auch die meisten keltischen Überlieferungen, und dort wird teilweise auch heute noch keltisch gesprochen.
Zwar waren die einzelnen Stämme nicht zu einem Reich zusammengeschlossen, aber es gab eine einheitliche Kultur mit gemeinsamer Sprache; eine keltische Schrift jedoch existierte nicht. Es gibt einige wenige keltische Dokumente in griechischer Schrift; das meiste Wissen über die Kelten - und das ist insgesamt nicht

viel - stammt jedoch von griechischen und römischen Schriftstellern sowie aus Funden, Ausgrabungen und mündlichen Überlieferungen.
Die Kelten waren ein wildes, kampflustiges Volk. Sie waren sehr religiös: Vom Gottesdienst verbannt zu werden, galt als härteste Strafe. Ihren Göttern opferten die Kelten viel und oft. So wurden Wagenladungen von Waffen in Quellen und Seen als Opfergabe versenkt oder auch Tier- und Menschenopfer in blutigen Riten dargebracht. Was waren das für Götter? Viel ist nicht von ihnen bekannt. Neben vielen männlichen Gottheiten, die z.B. mit Kampf und Handwerk zusammenhingen, wird oft auch eine große weibliche Gottheit erwähnt, die Erd- oder Himmelsmutter, die in drei Gestalten auftrat: Als Jungfrau, als Mutter, als Tod. Sie wurde bevorzugt in Quellen verehrt. Da die Frauen so besonders mit der Natur verbunden sind, waren sie geachtet und bekleideten hohe Stellungen als Priesterin, Seherin und Königin.
Die keltischen Priester hießen 'Druiden', was soviel wie Eichenkundige bedeutet. Sie bildeten einen stammesübergreifenden Stand. Diese Gelehrten waren Magier, Heilkundige, Erzieher, Richter und Dichter-Sänger in einem. Ihre Wissen-Schaft gaben sie mündlich weiter.
Druidische Weisheit wurde im Einklang mit der Natur erworben, die sich bevorzugt im Wald darbot - denn Europa war zu mehr als Dreiviertel von Urwald bedeckt. In und außer diesem Urwald wurden besondere Einzelbäume gepflegt und angepflanzt und heilige Haine angelegt. Jeder Baum, wie auch jede Quelle und jeder Berg, hatte eine Seele und war damit gottähnlich. Hier, zwischen Bäumen, verbrachten die Druiden einen Großteil ihrer Zeit beim Gottesdienst, in der Meditation, beim Kräutersammeln. Eines ihrer magischen Riten ist so überliefert: Weißgewandet erstiegen die Druiden besondere Eichbäume und schnitten mit goldenen Sicheln Misteln, die in einem weißen Tuch aufgefangen, zerteilt und als Heil- und Schutzmittel verteilt wurden. Als um die Zeitenwende in Mitteleuropa die keltische allmählich durch die germanische Kultur abgelöst wurde, gab es keinen großen Bruch in den religiösen Vorstellungen und Riten. Beide Völker waren

indoeuropäisch und ähnelten sich mit ihrem hohen Wuchs und den rotblonden Haaren auch äußerlich. Die Naturverehrung, und mit ihr der Quellen- und Baumkult, blieb - und der Baumfrevler wurde weiterhin mit dem Tode bestraft.
Erst mit der Christianisierung wurde die Natur entseelt. Aber die heidnischen Mythen ließen sich nicht ganz vernichten; teilweise wurden sie in den neuen Glauben aufgenommen, teilweise lebten sie in Volkswissen und -bräuchen weiter.
In der Romantik erfolgte eine Rückbesinnung auf dieses alte Kulturgut keltisch-germanischen Ursprungs: Dichter und Maler beschäftigten sich damit, Grimms Märchen berichten davon. Es gibt ihn ja - noch -, den Wald des Märchens: An den Rändern licht und kultiviert mit dem Hauptnutzbaum, der Eiche, zum Innern hin wild und bedrohlich. Er wird bewohnt und durchzogen von Köhlern, Jägern, Kräuterweiblein, Räubern, Friedlosen und Ausgestoßenen.
Der Weihnachtsbaum wurde Teil der 'Deutschen Weihnacht'. Neben ihm stehen andere Bäume, die zu besonderen Gelegenheiten geopfert werden: Der Richtbaum krönt das neue Haus, der Maibaum wird zu Ehren des Frühlings geschmückt, mit einem Busch zeigt die Besenwirtschaft neuen Wein und frischgebrautes Bier an. Aber alle diese abgeschlagenen Bäume erhalten keine Sühneopfer mehr wie in heidnischen Zeiten.
Auch in dem Baumhoroskop zeigt sich die Rückbesinnung auf überliefertes Volksgut.
Einundzwanzig Bäume sind vertreten: Vier Hauptbäume zu den Tag-und-Nachtgleichen und den Sonnenwenden und siebzehn weitere. Diese verteilen sich so auf das Jahr, daß jeder Baum einmal pro Jahreshälfte vertreten ist - lediglich die Pappel bildet die Ausnahme. Hier zeigt sich eine typische keltische Eigenart, nämlich das Jahr in zwei gleichberechtigte Hälften zu teilen, die vom Auf und Ab, von dem sich im Wechsel Erneuernden künden. Der keltische Kalender war eine komplizierte Kombination von Sonnenjahr und Mondjahr mit verschiedenen Schalttagen, die Ausrichtung des Horoskops nur nach dem Sonnenjahr ist also später erfolgt.

Die Aufnahme der im keltischen Ursprungsland nicht vorkommenden Bäume wie Zypresse, Zürgelbaum, Feigenbaum und Ölbaum erklärt sich durch die Ausweitung der keltischen Kultur in den Mittelmeer-Raum. Selbstverständlich beginnt das Horoskop mit der Eiche. Das Wesen des Eichbaums ist kraftvoll und aufrecht; wie er, so ist auch der Mensch, der unter seinem Zeichen geboren ist. Aber auch alle anderen Bäume haben ihr besonderes Wesen, ihre eigene Art. Manche sind zur Zierde da, manche zum Dienst; manche sind Einzelwesen, manche gedeihen besser in Gruppen; der eine ist zart wie die Birke, der andere mächtig wie die Kastanie. Drei Baumgruppen kann man unterscheiden:

Zur ersten Gruppe gehören die Realisten; sie haben eine gute Beobachtungsgabe und Organisationstalent. Das sind: Eiche, Buche, Ulme, Linde, Nußbaum, Kastanie und Feigenbaum. Die zweite Gruppe verkörpert den Intellekt, die Fähigkeit, zu analysieren und logische Schlüsse zu ziehen. Das sind: Ölbaum, Apfelbaum, Tanne, Zypresse, Zürgelbaum, Kiefer und Ahorn.

Zur dritten Gruppe gehören solche Charaktere, die das intuitive Wissen, die Phantasie und die Fähigkeit zur Synthese besitzen. Es sind: Birke, Pappel, Trauerweide, Haselnuß, Eberesche, Esche und Hainbuche.

So findet jeder mit dem seinem Geburtstag zugeordneten Baum seine Charakteranlage dargestellt.

Während neuerwecktes Brauchtum sich mit dem Wald befaßt und die Dichter an seinem Mythos weiterweben, ist der reale Wald allmählich zu einem reinen Nutzwald geworden, dessen Wert in Kubikmetern Holz benannt wird.

Jede dieser beiden Einstellungen für sich - hier Mythos und romantische Verklärung, dort materieller Nutzen - ist jedoch Stückwerk; erst eine ganzheitliche Sicht erschließt das ganze Wesen des Baumes. Und eine Gesamtsicht ist heute dringend notwendig. Der Baum kann ohne Mensch leben, aber der Mensch nicht ohne Baum! Dankbarkeit ist deshalb das Mindeste, was wir den Bäumen schuldig sind. Jede positive Beschäftigung mit den Bäumen - wie überhaupt mit allen Lebewesen - stärkt diese. Dazu möchte dieses Büchlein beitragen.

Druide vollzieht das Eichenritual
(Idealzeichnung Anfang 19. Jahrhundert)

Eiche

21. März

Eychbaum / Eyßholtz / Quercus / Eyckenboom / Chêne / Oaktree

"Stark ist die Eiche und Wasser und Stein: so sei auch du!"
DRUIDEN-TRIADE

Die Eiche - eine robuste Natur

Die Eiche ist prachtvoll und voller Lebenskraft, schön und ohne jegliche Zerbrechlichkeit. Die weibliche Eiche braucht nie Anlehnung, da sie in jeder Beziehung, körperlich oder geistig-moralisch, der stärkere Teil einer Verbindung ist. Sie ist standhaft und würdevoll. Die Eichen erfreuen sich glücklicherweise meist bester Gesundheit, denn sie haben eine ausgesprochene Abneigung gegen Krankheiten, Ärzte, Medikamente und jede Art von "sich hängenlassen" - nur der Anblick von Blut macht sie nervös. Neben Kraft und Stärke ist Mut die hervorstechende Eigenschaft der Eiche. Dieser Mut, der immer auf Stolz und niemals auf Übermut basiert, ist stets vom Bewußtsein der Gefahr begleitet. Aber ob Gefahr oder nicht, die Eiche meistert jede Situation mit Tapferkeit. Ihre starke, unbeugsame Wesensart kommt sie oft teuer zu stehen und bringt ihr häufig Unannehmlichkeiten. Selbst sehr tolerant, achtet die Eiche die Freiheit und die Weltanschauung anderer ohne Einschränkung. Sie ist stets gastfreundlich und ihren Mitmenschen gegenüber wohlgesonnen, aber auch unabhängig und duldet keinerlei Druck. In jungen Jahren verliebt sie sich häufig auf den "ersten Blick" und glaubt dabei immer, die große Liebe ihres Lebens gefunden zu haben. Mit zunehmendem Alter jedoch neigt sie mehr zu einer Partnerschaft auf Vernunftbasis. Da sie in den zwischenmenschlichen Beziehungen manchmal egozentrisch sein kann, hüten Sie sich davor, bei einem Empfang eine Eiche als Tischnachbar zu bekommen. Denn wenn das geschieht, könnten Sie wirklich zu bedauern sein! Die Beständigkeit der Eiche liebt keine Veränderungen. Sie ist mit einer handfesten, praktischen Intelligenz ausgestattet und steht mit beiden Beinen fest auf dem Boden der Tatsachen. Bei der Arbeit ist sie meist ein Mensch der Tat, aber sie kann auch sehr intuitiv vorgehen.

Eiche

Was den Eichbaum betrifft, so gibt es keinen Zweifel: Er war und ist immer und überall ein Symbol der Kraft, Macht und Stärke. Für viele Kulturen ist er der Baum der Bäume und somit der obersten Gottheit geweiht. Bei Juden und Persern stand die Eiche in hohen Ehren; das älteste hellenische Orakel war die Eiche zu Dodona in Nordgriechenland - die Hohe Priesterin weissagte aus dem Rauschen der Blätter; bei den Griechen war die Eiche Zeus, bei den Römern Jupiter geweiht. Bei Galliern und Germanen gab es heilige Eichenhaine, unter der größten Eiche wurde geopfert; Bonifatius fällte im 8. Jahrhundert die Donareiche bei Geismar und wurde dafür nicht von den Göttern bestraft - für viele Germanen unfaßbar. Es scheint, als wäre mit dieser Tat die Kraft der vorchristlichen Religionen gebrochen wie die Donareiche selbst. In der Edda steht dieser Vers:

'Allvater ordnet - Alben versehen
Wanen wissen - Nornen weisen
Inwiedie stärkt - Sterbliche dulden'

'Inwiedie' ist eine Art Dryade oder Baumelfe. Die Baumelfe stärkt also und ganz besonders die Eiche, weshalb sich die Eiche zum 'Anstellen' auch besonders gut eignet.

'Du mutig starker Eichenheld
hab mich an deinen Stamm gestellt.
Durch Wurzeln tief zur Unterwelt
und Krone bis ans Himmelszelt
dein fester Stamm von dieser Welt
zweifache Macht zusammenhält.
Ich bitt' um Kraft, du Eichenheld!
Bin hier an deinen Stamm gestellt.'

Auch für die Kelten war die Eiche der königliche Baum und Mittelpunkt ihrer öffentlichen und geheimen Riten, und nach seinem Namen 'dair' oder 'duir' hießen ihre Priester 'Druiden'.

In unserem Baumhoroskop steht der Eichbaum zu Beginn. Im Baumalphabet nach Graves steht er an 7. Stelle. Dieses Baumalphabet hat 13 Buchstaben, so wie das Jahr 13 Mondmonate hat und die heilige Zahl sieben als das Zeichen der Mitte ist gleichzeitig der Beginn der 2. Hälfte. Bis auf die 4 Hauptbäume der Sonnenwenden und der Tag-und-Nacht-Gleichen hat jeder Horoskopbaum zwei Zeiten, die sich im Jahreslauf gegenüberliegen.
Die Sonnenwenden waren sozusagen die Angeln, um die sich die beiden Jahreshälften drehten; so wurde aus 'duir' das Wort 'Tür'. Ja, tatsächlich, kein anderes Holz taugt so gut zum Hausbau wie das Eichenholz. Auch zum Schiffs- und Wegebau, für Windmühlen, Fässer und Geräte eignet es sich. Es ist unübertroffen fest und wird mit dem Alter immer härter und schöner, auch ist es kaum anfällig für Schädlinge. Vom Mittelalter bis zur Neuzeit war die Eiche wichtiger Nutzbaum für Holzgewinnung und zur Viehmast. Nicht nur die großen Tiere, speziell Wild- und Hausschwein, mögen die Eicheln, sondern auch die kleinen, insbesondere die beiden Wappentiere der Eiche: Das Eichhörnchen und der Eichelhäher. Sie vertragen und verstecken die Eichel als Wintervorrat und pflanzen so neue Bäume. Kein anderer Baum gibt so vielen Tieren Nahrung und Wohnung; er ist ein richtiger fürsorglicher Vaterbaum und läßt großzügig auch Wachstum zu seinen Füßen zu. Wenn trotzdem eine alte Volksweisheit sagt:

'Eichen sollst weichen
Buchen sollst du suchen'

so liegt das an der Stärke dieses Baumes. An geologisch gestörten Stellen, wo sonst kein anderer Baum gedeiht, da kann sich die Eiche noch immer behaupten; ja es scheint, als suche sie sich diese Plätze geradezu aus. So steht die Eiche oft über Kreuzungen unterirdischer Wasserläufe und da sie ihre lange Mittelwurzel bis tief zum Wasser hinunterschickt, ist dieser Baum des Donnergottes der ideale Blitzableiter. Donnergott und Krieg gehören zusammen; so ist das Eichenlaub germanischer Siegeslorbeer, Wappenzeichen und Uniformschmuck.
Der englische Naturarzt Bach gewann aus der Eichenblüte seine Essenz für den nimmermüden, niedergeschlagenen und erschöpf-

ten Kämpfer, der trotzdem tapfer weitermacht und nie aufgibt.
Wir unterscheiden die Stiel- oder Sommereiche, deren Eicheln an längeren Stielen sitzen und die bei etwas gedrungener Wuchsform bis zu 1000 Jahre alt werden kann und die bis zu 40 m hohe Trauben- oder Wintereiche, deren Eicheln in Traubenform an kurzen Stielen hängen und die noch etwas später treibt als die auch nicht eilige Sommereiche. Dafür bleiben die rostbraunen Blätter der Wintereiche oft bis spät ins neue Jahr am Stamm hängen.
Die Eiche ist reich an Gerbstoffen, deshalb war die Eichenrinde früher wichtiger Grundstoff zur Gewinnung der Gerberlohe. Auch die Blätter und Früchte sind zusammenziehend und entzündungswidrig, sie stärken und stopfen.
2 Eßlöffel zerkleinerte Rinde und Früchte pro 1/2 l Wasser werden 15 Min. geköchelt und ergeben einen Absud zur Anwendung bei allen entzündlichen Haut- und Schleimhauterkrankungen, als Gurgelwasser, bei Brandwunden, Frostbeulen und Schweißfüßen, als Sitzbad bei Hämorrhoiden und vielen Unterleibsbeschwerden. Aus Eichenblättern läßt sich gut ein blutstillender Verband herstellen, sowie auch Tee und Absud gegen Durchfall und für Bäder und Kompressen. Eichelkaffee ergibt einen guten Hauskaffee, den man eventuell mit Roggenkaffee oder Zichorienkaffee aus der Wurzel der Wegwarte mischen kann: Die herabgefallenen Früchte werden geschält, zerschnitten, evtl. getrocknet, geröstet, zerstoßen und in dichtverschlossenen Gläsern aufbewahrt. Tagesdosis: 2 Teelöffel Pulver für 2 Tassen. In Notzeiten wurde aus Eicheln Mehl hergestellt, aus dem - zu gleichem Teil mit Roggen- bzw. Weizenmehl gemischt - Brote gebacken wurden.

Eichbaum

"Die Druiden halten nichts für heiliger als die Mistel und den Baum, auf welchem sie wächst, namentlich wenn es eine Eiche ist. Sie wählen an sich schon die Eichenhaine und verrichten ohne deren Laub kein Opfer... Ja, sie glauben, alles was an den Eichen wächst, sei vom Himmel gesandt, und sehen dies als einen Beweis an, daß die Gottheit selbst sich diesen Baum erwählt habe."

DR. MORITZ KRONFELD

"Über die königliche Würde der Eiche brauchen wir nicht mehr viel sagen: die meisten kennen James Frazers Ausführungen in seinem „Golden Bough", die sich auf das Menschenopfer des Eichenkönigs Nemi am Mittsommertag beziehen. Der Brennstoff der Mittsommerfeuer ist immer Eichenholz, das Feuer der Vesta wurde mit Eichenholz geschürt, und das Notfeuer wird stets in einem Eichenstamm entzündet. Wenn Gwion im „Câd Goddeu" schreibt: „Mannhafter Wächter der Pforte / Heißt ihr Name in allen Sprachen", so meint er wohl, daß die Türen üblicherweise aus Eiche, dem stärksten und zähesten Holz gemacht wurden und daß "Duir" - der Name für Eiche im „Beth-Luis-Nion" - in vielen europäischen Sprachen "Tür" bedeutet, so auch im Alt-Gälischen dorus."

ROBERT RANKE-GRAVES

Natur/Krafft/und Wirckung.

Die Rinde/Bletter/Eycheln und Gallöpffel/trucknen onnd ziehen zusammen/fürnemlich die aller zarteste bastschelet zwischen dem Stamm und der groben Rinden/deßgleichen das Häutlin zwischen dem Eychelkern/und der Schelet. Diß alles dienet zu allen bresten/so zu viel fliessen.

Der Rinden ond Holtz

Gemeldte Mittelrinde/und innerliche Häutle/in Essig und Wasser gesotten/also auffs wild. Fewer gelegt/benimpt die Hitz.
Eychene Rind mit Milch gesotten und getrunken/widerstrebt allem Gifft.
Welche Weiber den Harn mit schmerzen lassen/die sollen auff glüende Eychene kolen Wein giessen/ond den Dampff durch einen Trichter in die Schoß lassen fahren.
Den nutz deß Eychenholzes kan man nicht gnugsam beschreiben. Unter allem Holtz ist kaum eins/das werhafftiger/zu mancherley Gebew un Gezeug mehr gebraucht wirdt/als Eychenholtz/es sey zu Landt oder Wasser.
Man findet auch an den alten Eychbäumen große Schwammen/die pflegen etliche also frisch eynzusaltzen/on an einen warmen ort zu setzen/darnach mit dem Safft die Glieder im Podagra zu schmieren. Es sol aber Vua quercina noch besser darzu seyn/wie auch der hochgelehrte und weitberühmte Fürstlicher Jülchischer Medicus H. Solenander das bezeuget.

Deß Eychenlaubs

Eychenlaub/oder die mittelste Schelet/in Wein oder Wasser gesotten/stillt on zweiffel allerley Bauchflüsse/deßgleichen der Weiber blödigkeit/den Samenfluß / und das Blutspeyen.
Für den Sodt nimm ein Eychenblat/legs auff die Zung/die feuchtigkeit/so darvon entstehet schlinge hineyn/es hilfft.
Eychenbletter auff hitzige Blaatern gelegt/drucken die Hitz nider/und heylen.
Die Weiber/welchen ihre Blumen zu viel fliessen/sollen Eychenlaub in Wasser sieden/und von unten auff sich damit bähen/es hilfft.
Die erfahrung bezeugets/daß Eychenlaub den Wunden wol bekompt/zeucht sie zusammen. Gibt auch en fein lauament oder wäschung darzu.
Enchenlaub mit Wasser und Essig gesotten/warm im Mund gehalten/stillet das Zahnwehe/so von Flüssen verorsacht. Die jungen Gipffel darvon bestillirt/ond ein Wasser davon gemacht/ist gut zu den Mundfeulen der Kinder/onnd andern Schäden deß Halß.

Der Eycheln

Die Eycheln haben gleiche krafft wie die Bletter und Rinden. Sind gut wider das tröpfflinge Harnen/Stranguriam, onnd wider den Stein in Nieren unnd Blasen.
Eycheln nützen den Frawen/die zuviel flüssig sind in ihrer zeit.
Encheln gessen bringen hauptwehthumb/und blasen den Bauch auff.
Für das geschossene Zäpflen im Halß/zerfloß Eycheln/nimm darunter gestossenen Pfeffer/unnd weissen Hundtsmist/mischs unter einander/berüre oder bereibe das Zäpflin darmit.
Die Eychelhülsen bekommen wol denen/welche Blutspeyen.

Die Eycheln werden sehr nützlich gessen wider aller gifftiger Thier Stich unnd Biß.

Eycheln zu Pulver gestossen/ond ein quentle schwer mit Wegrichsafft oder Wasser getrunken/stopffen alle Bauchflüsse / auch die überflüssige Frawenzeit.

Rohe unnd frische Eycheln gestossen und auffgelegt/senfftigen die hitzigen Geschülste. Eycheln mit gesalzenem Schweinen Schmaltz gemischet unnd auffgelegt/senfftigen die boßhafftigen Geschwäre.

Die Hülsen darinnen die Eycheln stecken/haben gleiche krafft wie die Eycheln / doch ziehen sie stärcker zusammen.

Der Gallöpffel

Die Gallöpffel der zweyerlen Geschlecht sind/klein und groß/ziehen sehr zusammen/trucknen/und treiben zu rück. Man sol sie sammlen/so sie an irem Baum dürr worden sind.

Gallöpffel gepulvert/on auff faule böse Wunden gelegt/verzehrt das faul Fleisch / und reinigt die Schäden.

So man das Zanfleisch damit reibt/wehren sie den Flüssen/so in die Zäne schiessen. Auch heylen sie die Mundfeule.

Das mittel in den Gallöpffeln auff einen löcherten Zahn gelegt/ist fast gut darzu.

Gallöpffel ond Eyerklaar mische zusammen/mach darauß ein Pflaster/legs auff den Bauch/es verstellet den Bauchfluß.

Man mag auch deß Pulvers eynnemmen mit Regenwasser/es stopfft fast wol.

Welcher sich sehr bricht oben auß/der siede Gallöpffel in Essig und Regenwasser / netze darein ein Tuch/und schlags aussen auff den Magen.

Welche Frau ihr zeit zuviel hette/die siede Gallöpffel in Regenwasser/misch darunter Wegerichsafft/und mache mit Baumwollen ein Zäpflin/nemme es zu ihr onten/so tropfft ond hilfft fast wol.

Weme die Nasen sehr blutet/der misch Gallöpffel mit Wegrichsafft/oder mit Teschelkrautsafft/netze ein Tüchlen darein/ond stoß es in die Nasen. Auch mag man wider solchen Gebresten ein Pflaster von Gallöpffeln und Eyweiß machen/solchs auff die Stirn ond omb den Schlaff legen.

Das Pulver von Gallöpfflen gestrewet auf die Wunden/benimpt ir bluten/ond macht sie zusammen gehen.

Welcher schwartz Haar wil haben/der nemme Gallöpffel/die dick/schwer/und nit löcherig sind/siede die in öl/seige dann diß öl durch ein Tuch/laß darnach trucken werden an der Sonnen/diß Pulver siede er mit Regenwasser/wasche sein haar oder Bart darmit/er wirdt schwartz.

Welchen Frauen die Mutter außfellt/die sieden Gallöpffel in Wasser/und sitzen darein/sie genesen.

Wilt du ein köstliche schwartze Dinten machen: Nim der kleinen knollechten

Gallöpffel fünff lot/zerstoß sie grob/Vitriol drey lot/Gummi Arabici zwey lot/Saltz ein halb quentle/thue es alles in einen verglasirten Hafen oder Topff / geuß darauff guten weissen Wein/der heiß sey/zwey pfundt oder Seidel/vermach oben den Hafen/stell in viertzehen Tag an die Sonnen/oder im Winter auff den Ofen/und rüre es alle Tag/so hast du gute Dinten.

Die grösseren Gallöpffel haben diese eygenschafft/daß sie järlich deuten oder anzeigen/ob dasselb Jar fruchtbar oder unfruchtbar/ob sich Krieg empöre/oder die Pestilentz regieren werde: Im Jenner oder Hornung nimm ein newen gantzen onverserten Gallapffel/der nicht löcherig sey/brich ihn mitten entzweyn/so findest du darinnen eines unter den dreyen dingen/nemlich ein Fliege/Würmle/oder Spinnen. Die Fliege bedeutet Krieg/das Würmle thewrung/die Spinnen ein sterbenslauff.

Krafft deß gebrennten Wassers vom Eychenlaub

Die beste zeit der destillierung ist mitten im Meyen/von den Blettern eines jungen Enchbaums.

Dieses Wasser hat die krafft alle/wie die Bletter.

So man dieses Wasser alle tage ein halb pfundt trinckt früe/hilfft es wider den Durchlauff von der Lebern.

Es ist kaum ein heylsamer Wasser/sonderlich für die Kinder/wider die rote Ruhr / als dieses Wasser/dergleichen auch wider das Blut außwerffen.

Dieses Wasser bricht und treibt auß den Stein.

Dieses Wasser mit Tüchern umb ein hitzig Glied geschlagen/külets/heylet auch alte Schäden an Beinen/so man sie darinnen wäschet/und selbs leßt trucken werden.

In Wehlau (Provinz Preussen) sucht man, wenn Kranke die “Keile” (Hodenvergrösserung) haben, eine armsdicke Eiche im Walde, spaltet den Stamm und zieht das kranke Kind drei Mal durch den Spalt, der dann wieder verkeilt wird.

DR. MORITZ KRONFELD

Birke

24. Juni

Bircken / Berckenboom / Betula / Boleau / Birchtree / Birza / Mayen / Maibaum / Beseboom / Rueteboom / Pirckenholtz / Beorc

"Beorc ist früchtelos, trägt eben wohl Zweige ohne Samen. Ist in Ästen schön; doch in der Spitze rauscht sie, lieblich bewachsen mit Blättern, von der Luft bewegt."

ALTES RUNENLIED

Die Birke - das Schöpferische

Die Birke ist ein zarter und schöner Baum: lebhaft, anziehend und elegant. Immer sympathisch und freundlich ist sie als Gesellschafter gern gesehen und begehrt, denn sie wird niemals Umstände bereiten und auch nie den Geldbeutel ihres Gastgebers belasten. Sie ist anspruchslos und verlangt nicht viel. Selbst frei von Überheblichkeit und Snobismus, verabscheut sie alles Vulgäre und Pöbelhafte. Sie mag kein üppige Essen, trinkt maßvoll und wird niemals laut oder gar polternd lachen.

Sie liebt das Leben in der Natur, kann sich aber auch mit Leichtigkeit jeder anderen Lebenssituation anpassen, - wenn man sie nur in Ruhe arbeiten läßt. Und lassen Sie sich nicht durch ihr zartes Aussehen täuschen, sie kann arbeiten wie ein Berserker.

Das Liebesleben der Birke ist nicht besonders leidenschaftlich, dafür ist sie aber in ihren Gefühlen beständig und treu. Sie tut alles nur Denkbare, damit ihr Partner mit ihr glücklich wird. Und nie wird sie ihre Wahl bereuen, es sei denn, sie hat es besonders schlecht angetroffen.

Ihre Intelligenz ist überdurchschnittlich und mit Vorstellungskraft gepaart. Deshalb wird sie unter günstigen Bedingungen immer eher schöpferisch tätig werden. Ihre Intelligenz, Phantasie und ihr Fleiß sollten ihr eigentlich alle Türen öffnen. Doch der Ehrgeiz der Birke ist nicht sonderlich ausgeprägt. Ein gemütliches Zuhause, Zufriedenheit bei der Arbeit und ein gutes Buch genügen ihr völlig.

Um sie herum ist immer eine Atmosphäre voller Ruhe, Zufriedenheit und menschlichem Glück.

Birke

Der Name der Birke kommt von dem althochdeutschen Wort 'birha' und bedeutet hell, glänzend. Bei der Birke glänzen sowohl die frühlingsgrünen, im Herbst goldblonden Blätter als auch der silberweiße Stamm, der sich schlank und biegsam erhebt. Selten ist ein Birkenstamm gerade: Die Birke ist lebenstüchtig durch Anpassung. Sie ist der Baum der jugendlich tätigen Göttin und gehört als Maibaum zum Frühling und Vorsommer. In vielen Kulturen, so auch bei den Indianern, in Indien und Sibirien, ist sie ein magischer Baum, voller Schöpferkraft, und Unheil abwehrend.

Im keltischen Alphabet nach Graves ist sie der erste Baum; wenn die Birkenblätter sich entfalten, ist es Zeit zu pflanzen. Die Birke ist der Baum des Aufbruchs, ein Pionier - alles an ihr ist lebhaft. Zugunsten ihrer Beweglichkeit verzichtet sie auf starke Äste und setzt ihre Zweige direkt am Stamm an. Vom Wind läßt sie sich bestäuben, und der Wind verbreitet auch ihre schwebeleichten Samen. Als echter Pionier ist sie sehr genügsam: Als Moor- und Haarbirke wächst sie in feuchten und moorigen Gebieten, als Hänge- oder Weißbirke auf trockenem Boden, ja sogar auf Geröll. Sie ist bis zur arktischen Baumgrenze verbreitet und in nördlichen Ländern einziger Baum neben der Kiefer. Kein Wunder, daß man dort ihre vielseitigen Möglichkeiten voll ausschöpfte - heute sind davon nur noch ihre Anwendung in der Volksmedizin und der Körperpflege übriggeblieben. Da die Birkenrinde fast unverweslich ist, verarbeitete man sie zu Gefäßen, Kleidung und Schuhen, ferner diente sie zum Dachdecken und als Unterlage unter Rasendächer, auch unter Schwellen und Balken, welche feucht oder auf Steinen lagen. In Hungerzeiten wurde die gemahlene Rinde mit Mehl vermischt zu Brot verbacken. Die Rinde wurde außerdem als Gerbstoff verwendet: Juchtenöl ist Birkenteeröl zur Ledergerbung. Aus der äußeren weißen Haut der Rinde wurde Papier. Die Rinde wird im Frühjahr gesammelt und zwar so, wie sie sich natürlich ablöst - also in runden Plättchen.

Birkenreisig ergibt Besen, Birkenholz Möbel und Furniere, Skier, Parkett und Drechslerholz; aus den feinen Wurzeln der Zwergbirken stellten die Lappen schöne Decken und Umhänge her.

Die Blätter der Birke wurden früher zur Schaffütterung verwen-

det und sind auch dem Menschen bekömmlich.
Die Volksmedizin empfiehlt Tee aus möglichst frischen Blättern zur Blutreinigung und bei allen 'Ausscheidungskrankheiten' wie Rheuma, Gicht, Steinen, Hautausschlägen. Noch besser als Blättertee wirkt der Birkensaft, der jedoch nur aus eigenen Birken gewonnen werden darf: im März oder April wird ein ungefähr 5 mm großes Loch in den Stamm gebohrt, gerade so tief, daß der Saft heraustritt; ein Röhrchen oder Strohhalm wird hineingesteckt und ein Gefäß untergestellt. Aus einer großen kräftigen Birke können bis zu 2 l gewonnen werden (jedes 2. Jahr). Anschließend muß das Loch mit Baumharz o. ä. gut verschlossen werden. Von diesem Saft können kurmäßig 3 x täglich einige Eßlöffel genommen werden. Der Saft ist zuckerhaltig und vergärt bald (und wird so zum 'Birkenwein'); das Vergären wird hinausgezögert, wenn man den Saft in Flaschen füllt, einige Gewürznelken sowie ein Stück Zimt beifügt und ihn gut verschlossen kühl lagert.

Birkensaft und Birkenblätterauszüge werden in der Kosmetik als Haar- und Hautpflegemittel verwendet.
Handbalsam für rauhe Hände, trockene Haut und kleine Wunden: Eine Handvoll frische Birkenblätter und eine Handvoll frische Kräuter wie Wegerich, Salbei, Kamille und Ringelblume werden in 500 ml Olivenöl 3 Wochen angesetzt oder etwa 20 Min. ausgeköchelt, dann gut abfiltern. 5 g Kampfer und 50-80 g geschmolzenes Bienenwachs zufügen, gut mischen, etwas abkühlen lassen, abfüllen und im Kühlschrank lagern.
Birkenessig: 1 gute Handvoll frische Blätter mit 1 l Apfelessig übergießen und 1 Woche an warmem Platz ziehen lassen, ab und

zu schütteln; abfiltern, Pflanzenteile gut ausdrücken; etwa 20 Tropfen ätherisches Öl zufügen (etwa Lavendel oder Kamille). Nach jeder Haarwäsche 1 Teil Birkenessig mit 3 Teilen Wasser verdünnt zur Spülung und Massage gebrauchen.

Von der Natur/Krafft und Eigenschafft der Birken.

Die Rinde an den Birken erweicht und zertheilet/aber die Blätter sollen gleiche Krafft haben/wie das schwartz Pappelbaumlaub.

Innerlicher Gebrauch

Im Anfang des Lentzen reißt man die Rinden mit einem Messer auf/so fleußt ein süsses Wasser daraus/(das man Birkenwasser nennet/darmit die Hirten offtmals ihren Durst löschen)/welches gut soll sein/den Stein der Nieren und Blasen zu brechen und auszutreiben/wann man darvon trinket/(all wegen früh sechs Loth/und offt getruncken)/auch die Geelsucht damit zu vertreiben.

(Der Safft wird im Anfang des Mayens gesamlet/an die Sonnen gesetzt/welcher dann pflegt zu gähren wie ein Most und auf diese Weiß kan man ihn fast das ganze Jahr über gut behalten.

Er wird auch gelobt in der Wassersucht/offt mit Holderblühtwasser getruncken.

Etliche pflegen diesen Safft mit Fleiß zu distillieren.)

Eusserlicher Gebrauch

Etliche nehmen diesen Safft oder das Wasser/besprengen das Kraut darmit so sie in die Käß thun wollen/so sollen keine Maden in Käsen wachsen.

Gemeldtes Wasser/(so aus diesem Safft distilliert wird) wird auch sehr gebraucht / die Flecken und Zittermähler darmit zu vertilgen/ist auch gut wider die Fäule des Mundes/(so man den Mund darmit ausschwenket/wird auch als eine gute Reinigung und Heylung der Wunden gehalten/solches thut auch das Wasser aus dem grünen Laub gebrandt.

Dieser Safft ist auch gut wider die Bauchwürm/so man ein Tüchlein darinn netzet/und auf den Nabel legt.

Der Safft so aus dem angezündten Holz fleußt/über die Augen gestrichen/vertreibt die Flecken in den Augen.

Zu den rothen Augen eine gute Artzney: Nimm eine frische Birkenruht/zünde sie an/legs auf ein Becken/laß also brennen/so gibt es auf dem Becken ein feißten Safft/damit bestreich die Augenwinkel.

Etliche schlechte Leuth lassen diß Laub sieden in einem Wasser/und baden darinnen für die Räude)

Es haben die Alten diese weisse Rinde gar sehr an statt des Papeyrs gebraucht/und darauf geschrieben.

Ölbaum

23. September

Olivenbaum / Olea / Oleybaum / Olivier / Olive-Tree

"Wo die Traube reift, wo die Mandel blüht, wo des Mädchens schwarzbraunes Auge glüht, wo nimmer die Schneeflocke fällt, dahin, in die Lande des Ölbaums laßt uns ziehn!"

ORGETORIX, FÜHRER DER HELVETISCHEN KELTEN

Der Ölbaum - die Weisheit

Obwohl der Ölbaum eher unscheinbar wirkt, hat er durchaus auch seine Reize. Er liebt die Sonne und die Wärme wahrer Gefühle bringt sie voll zum Erblühen. Wenn er erkrankt, dann meistens an Rheuma, von dem er dann sein Leben lang geplagt wird.
Er ist vernünftig und ausgeglichen und geht Aggressionen und Gewalt immer aus dem Weg. Seine große Diskretion hält ihn davon ab, sich in das Leben anderer einzumischen. Diese Toleranz und Zurückhaltung bedeuten aber nicht, daß ihm die Angelegenheiten seiner Mitmenschen gleichgültig sind, im Gegenteil, diese bewegen ihn tief.
Sein heiteres Gemüt, sein ruhiger Charakter, sein ausgeprägter Gerechtigkeitssinn und sein einfühlsames Verhalten helfen ihm, die Situation seiner Mitmenschen zu verstehen und daran Anteil zu nehmen.

In der Liebe scheint er frei von Eifersucht zu sein, zumindest zeigt er es nie. Er toleriert die Freiheit des Partners, auch wenn es ihm weh tun sollte. Doch das ist keine Schwäche oder Resignation, sondern einfach seine Lebenseinstellung. Er ist intelligent, kann in sich gehen, liebt Bücher und befindet sich gern in der Gesellschaft kluger Menschen. Der Ölbaum bringt Glück und Frieden ins Haus.

Ölbaum

Bereits die antiken Völker verehrten den Ölbaum, und seine knorrige Gestalt, seine schmalen silbernraschelnden Blätter und seine köstliche Frucht werden oft besungen.
Die Taube, die Noah verkündete, daß die Erde wieder bewohnbar ist, trug als Zeichen ein frischen Ölbaumblatt im Schnabel. Der Ölbaum ist Symbol des Friedens. Ölbaum, Weinstock und Feigenbaum waren im Gelobten Land Sinnbild für Wohlstand und Glück.
Athene, welcher der Ölbaum geweiht war, salbte ihre heldischen Lieblinge mit Olivenöl. Das Olivenöl, welches aus der Ölbaumfrucht, der Olive, gewonnen wird, wurde von jeher für die vielfältigsten Zwecke verwendet: als Speise, bei Opfern, als Brennöl und als Bestandteil von Salben. Außerdem ist es ein Heilmittel. Der barmherzige Samariter reinigte zuerst die Wunden des Verletzten mit Wein und goß dann (Oliven-)Öl hinein; viele Spezereien wurden und werden aus und mit Olivenöl hergestellt; bei mehreren Sakramenten der katholischen Kirche wird es als Materie genutzt. So ist der genügsame Ölbaum, welcher auf kargem Boden gedeiht und eine unscheinbare Blüte, aber eine um so kostbarere Frucht trägt, auch das Symbol des Lebens, der Heilkraft und der Weisheit.
Die Bach-Blütentherapie verwendet die Olivenessenz bei folgendem Krankheitsbild: Totale Erschöpfung, extreme Ermüdung von Körper und Geist; der positive Aspekt ist auch hier: Frieden.
Ein Rezept von Edgar Cayce, dem großen amerikanischen Seher, lautet: Abendliche Einreibungen oder Massagen mit Olivenöl - das entspannt, stärkt und nährt; Morgeneinreibungen mit Myrrhetinktur, welche strafft und die Zirkulation fördert. 'Olivenöl ist eines der wirkungsvollsten Stoffe zur Anregung der Muskeltätigkeit oder der Schleimhäute, die wir kennen.' Olivenöl löst Verhärtungen auf und durchwärmt. In der Volksmedizin wird es bei Geschwüren und Eiterherden, Verbrennungen, Hautentzündungen, Milchschorf und als Sonnenschutzmittel verwendet; der warme Schmalzwickel, z.B. bei Bronchitis, kann auch mit Olivenöl gemacht werden. Insbesondere hilft Olivenöl bei allen Er-

krankungen des rheumatischen Formenkreises - entweder als reines Öl oder mit Salz gemischt oder als Bestandteil von Ölauszügen, z. B. des Johannisöls, das, so wie alle selbstgemachten Öle und Salben, bevorzugt mit Olivenöl hergestellt wird.

Der Kräuterpater Thomas Häberle lobt ebenfalls Olivenöl-Einreibungen, insbesondere im Wechsel mit den durch ihn bekannt gewordenen Kohlblattauflagen sowie als Heilmittel bei Knochenerkrankungen.

Innerlich verwendet die Volksmedizin Olivenöl bei entzündeten Magen- und Darmschleimhäuten, als mildes Abführmittel, zur Gallensteinkur (Vorsicht, es regt den Gallenfluß an!) und als Zusatz zu Einläufen.

Es sollte immer nur kaltgepreßtes und ohne chemische Zusätze hergestelltes Öl mit den vollerhaltenen, unverfälschten Wirkstoffen verwendet werden.

Natur/Krafft/und Wirkung

Deß Oelbaums Bletter haben ein kalte vnd zusammenziehende Natur/vnd die wilden viel mehr denn die zamen.

Die Bletter

Die Bletter gestossen und auffgelegt/wehren dem wilden Fewer/den Geschwären/welche weiter vmb sich fressen/und den Carbunckeln.

Die Bletter klein gestossen / mit Honig vermischt/vn obergelegt/lösen ab die krusten und rinden der Geschwäre / und heylen die hitzigen Geschwülste.

So man die Bletter im Wasser/darinnen die Schmiede das Eysen leschen / siedet / vnnd den Mundt damit außspület / oder die bletter allein kewet / heylen sie die Mundfeule.

Der Saft oder die Brühe von den gesottenen Blettern stellet den Bauchfluß/vnd auch die oberflüssige Frawenzeit / so man in trinket.

Der Safft von Blettern angestriche/wehret den weiter kriecheden Geschwären / vnnd alten Flüssen/derhalben wirt er nützlich vermischt unter die Augenwasser/welche man bereitet zu den rinnenden Augen/wider das nagen von aufsetzung der Augbrawen.

Den Safft preßt man auß den gestossenen Blettern/sauren Wein darzu gegossen/wirdt darnach an der Sonnen getruknet/und Küchlein darauß gemacht

Die Bletter mit Gerstenmehl und sawrem Wein gemischt/werden bequemlich auffgelegt wider den Baufluß/welcher Coeliacus genandt wird.

Die Bletter mit den Blumen werden gebrandt/auff daß sie an statt deß Spodii gebraucht mögen werden/onnd solchs geschicht auff diese weise: Man thut die Bletter mit den Blumen in einen ungebaknen Hafen/kleibt ihn wol zu/ond stellt den in einen Brennofen/biß der Hafen gebacken wirdt/darnach lescht und mischt mans mit Rosenwasser/bereits zum andern mal/ond leßt es brennen wie vor/endlich so wescht man die Asche wie das Bleyweiß/on formiert Küchlen darauß. Diese Aschen hat gleiche kraft und Tugendt in den Augenartzneyen/wie das Spodium. Aber die Bletter deß zamen Oelbaums sind viel tüglicher onnd bequemer darzu / dann deß wilden/dann die zamen sind linder und sänffter.

Deß Holzes

Die feuchtigkeit/welche auß dem angezündten grünen Holtze deß wilden Oelbaums fleust/heylet die Flechten/Schuppen/und Grindt deß Haupts.

Der Oliven

Die Oliven der Oelbäume vertreiben die kleyechte Schuppen deß Haupts/so man sie anstreicht/auch helffen sie wider die Geschwäre/so weiter omb sich fressen.

Das Mark das in dem Beerlin ist/mit Schmalz und Mehl vermischt/onnd darüber gelegt/wirfft die rauhe/unglatte/und geschrundene Nägel auß.

Die eyngesaltzene Oliven (welche man Griechisch unnd Lateinisch Colimbades nennet) gestossen ond obergelegt/heylen den Brandt/ond verhüten/daß keine Blaater darauß entstehe/auch reinigen sie die unsaubern Geschwäre.

Eyngemachte Oliven vor der Speiß mit der Brühe genossen/machen den Bauch flüssig.

Das Saltzwasser/da die Oliven innen behalten werden/sterkt das lose Zahnfleisch / und befestiget die waklende Zäne.

Deß gemeinen Baumöls

Das Oel/welchs auß den zeitigen Oliven gepreßt wirdt/ist warmer und feuchter Natur/es weychet/und bewegt zum Stulgang.

So man den Leib mit warmen leinen Tüchern reibt/ond darnach mit Baumöl salbet/bewaret es die gesundtheit/und macht gelenke Glieder.

Das Baumöl so mans trinkt/hilffts wider das scharpff onnd aufsetzende Gifft / denn es benimpt im die Schärpffe/aber man muß es etlich mal trinken/und darauff widerumb außwürgen.

Wider das Bauchgrimmen ist Baumöl gut/so mans mit abgesottener Rautenbrühe mischet onnd trinket. Auch braucht mans in den clystiren/zu erweychung deß Stulgangs/und wider das grimmen.

Das alte Baumöl wärmet mehr/und zertreibt sehrer.

So man Baumöl auff die Augenlieder streicht/macht es das Gesichte klaar.
Ein gute Artzney wider das Bauchwehe und Darmgicht/Colica genandt: Nim einen trunk Baumöl/zerlaß feinen Zuker darinne/trinks warm/onnd bewege dich darauff. Auch mag man das Oel mit Malvasier gemischt trinken.
Welche Weiber ihre zeit/wie sichs gebürt/nicht haben mögen/die legen ein wenig gantzen Saffran in einen Löffel voll Baumöl/lassens ober Nacht stehen/on trinkens frühe mit warmem weissem Wein/solchs sollen sie etlich Tag nach einander thun/es bekompt inen wol/denn das Oel erweicht/und der Saffran treibt.
Ein wunderbarlich Experiment die Omsen von den Bäumen zu vertreiben. Nim ein leinen Thuch dreyer zwerch Finger breit/netz es in Baumöl ond Ochsengall/binds umb den Baum drei oder vierfach/Du magst das Thüchlein unterweilen/so es gantz trucken worden/mit einer Feder in obgenandte mischung gedunkt/widerumb befeuchten/so erstummen und verdorren alle Omsen daran/so auff und absteigen.

Deß wilden Baumöls.

Das Baumöl/welches auß unzeitigen Oliven gepreßt ist/zeucht viel sehrer zusammen/ist derhalben nützlicher wider die hitzigen Geschwülste. Auch bekompt es wol dem Magen/so mans darauff salbet. Es stärcket und befestiget die Zäne sampt dem Zanfleisch/so mans warm im Mund hellt. Es stellet den übrigen Schweiß/wann man sich darmit schmieret.
Gemeldt Oel dienet wider das Hauptwehe/so man ein leinen Thüchle dareyn netzet/und omb die Stirnen bindet/wie man mit Rosenwasser pflegt zu thun. Es behellt das außfallende Haar/so mans auffstreicht.
Dieses Oel heylet die Schuppen und den Grind deß Haupts/es säubert die flüssige Geschwäre/benimpt die Räuden.
Wer alle Tag das Haupt mit diesem wilden Baumöl schmieret/der gewinnet langsam grawe Haar.

Die Hefen von außgepretztem Oel

Dieses ist zu viel Krankheiten gut/und wirdt offt nützlich gebraucht/dieweil man es wol haben kan/leichter dann das Lycium onnd Acacia/welche beide offt gefälscht zu uns gebracht werden. Sonderlich aber gebraucht man es an etlichen orten mit Silberglett/Bleyweiß onnd Pulver/von den Ulmen Blettern zubereit/zu alten Schäden. Cato de re rustica schreibet/daß/wann der Kalk mit Amurca angemacht werde/oder die Wänd wol darmit angestrichen/daß nicht allein die Gebäud darvon onversehrt bleiben/sondern auch kein Wurm noch Unzifer dareyn komme.

Buche
22. Dezember

Buchbaum / Fagus / Buck / Beech tree / Buckenboom / Hetre

"Zwischen den Buchen - siehst du hinein - spinnt dünnes Licht."
WERNER HELWIG

Die Buche - das Gestalterische

Die Buche ist schön und edel und ist sehr auf ihr Äußeres bedacht, manchmal sogar leicht übertrieben. Sie beweist viel Geschmack, sowohl in der Auswahl ihrer Kleidung als auch ihrer Bleibe, wenn sie nur die notwendigen Mittel dazu hat. Sie ist ein Materialist. Sie plant nicht nur kühne Projekte, sie realisiert sie auch.

Ihr Leben ist hervorragend organisiert. Einerseits praktisch und lebensnah, ist sie doch andererseits durchaus edler und tiefer Gefühle fähig. Wirtschaften kann sie ausgezeichnet; sie ist sparsam, aber weder geizig noch verschwenderisch. Für führende Positionen ist sie sehr gut geeignet. Für und wider wägt sie genau ab und geht kein unnötiges Risiko ein.

In der Liebe zeichnet sie sich nicht gerade durch Phantasie aus, sondern auch dabei ist sie eher "vernünftig". Aber sie ist ein prächtiger Lebenspartner.

Die Buche wünscht sich alles, was "man haben muß" - ein komfortables Haus, Kinder, Fernsehen, Autos - vielleicht auch ein bißchen mehr. Sie ist häuslich und die Ferien verbringt sie immer im Kreis ihrer Familie. In späteren Jahren erlebt sie dann ein oder zwei weniger gefährliche Flirts oder Abenteuer.

Fast versessen ist sie darauf, immer in Form zu bleiben: Diät, Sport - Hauptsache, die Figur und die Schönheit bleiben bis ins hohe Alter erhalten.

Die Buche strebt nach Reichtum und Glück. Sie ist ein starker widerstandsfähiger Baum.

Buche

Die Buche ist der wichtigste Laubbaum Mitteleuropas. Früher gab es hier riesige Buchenwälder, heute besteht noch etwa ein Fünftel des deutschen Waldes aus Buchen, z. T. in geschlossenem Bestand. Da sie sowohl auf kalkhaltigem als auch auf saurem Boden gleichermaßen gut gedeiht, da sie sowohl Schatten gibt als auch verträgt, ist die Buche im Wald von großer Konkurrenzkraft. Großwüchsig und ausladend, licht- und doch schattenspendend, vertritt sie das mütterliche Element; sie ist allerdings auch herrschend und läßt unter ihrem Dach kaum andere Pflanzen wachsen, weshalb sie zu Recht die Königin des Waldes genannt wird. Ihr Holz ist hart und schwer, da es jedoch stark arbeitet, hat es als Bau- und Geräteholz keine so große Bedeutung, jedoch um so mehr als Brennholz. In den Kohlenmeilern wandelte es sich zu Holzkohle. Die Buchenasche ist desinfizierend, sie wurde wegen ihrer vielen Kaliumverbindungen als Waschlauge und zur Felddüngung verwendet. Buchenspäne wurden gebraucht als Konservierungsmittel und Würze für Essig, Wein und Räucherfleisch. Aus Buchenholzteer wird ein homöopathisches Mittel gegen Magenleiden und Blutungen gewonnen.
Buchenblätter sind eßbar: Ganz junge, frisch entfaltete Blätter werden im April und Mai gesammelt und ganz oder in Streifen geschnitten, evtl. mit Brunnenkresse gemischt, zu einem kohlartigen Salat angerichtet. Sie schmecken etwas säuerlich zusammenziehend und munden am besten mit einer milden Sahne- oder Joghurtsauce.
Die Bucheckern fallen im September und Oktober und sind roh wie Nüsse genießbar. Jedoch sollten nicht zu viele auf einmal gegessen werden, denn in größeren Mengen können sie Übelkeit hervorrufen; wahrscheinlich durch einen noch unbekannten, schwachen Giftstoff. Da ihr Fettgehalt bei etwa 16 % liegt, werden aus der Buchecker Speiseöl und eine milde Seife gewonnen. Der Ölkuchen dient, wie auch die ganze Frucht, als nahrhaftes Viehfutter.
Bach hat aus der Buchenblüte (Beech) eine Essenz gewonnen, die gegen folgende Seelenverstimmungen hilft: Kritiksucht, Arro-

ganz, Intoleranz; man verurteilt andere ohne jedes Einfühlungsvermögen. Ist diese seelische Blockade dank der Behandlung aufgehoben, befindet sich der Patient also im positiven Beech-Zustand, so ist die in ihm angelegte Seelenqualität der Einfühlsamkeit und Güte befreit. Die Buche steht in enger Beziehung zur Muttersprache Deutsch und auch zu Englisch. Der 'Buchstabe' war ursprünglich ein Buchenstab, und zwar der mit Runen versehene Buchenstab, der geworfen und dann (auf)gelesen wurde. So warfen die germanischen Priester(innen) das Losorakel. Der Buchenstab erhielt, soweit er nicht die Runenform selber war, die Rune eingeritzt. Von der altgermanischen Bezeichnung 'writan' kommt 'ritzen'; im Englischen ist diese Bezeichnung für 'schreiben' (to write) noch im Gebrauch; im Deutschen wurde 'schreiben' aus dem lateinischen 'scribere' entwickelt, jedoch im Wortstamm 'reißen' (Reißbrett, Grundriß usw.) ist es auch bei uns noch erhalten. Das englische 'to read = lesen' geht ebenfalls auf den Runenkult zurück und bedeutete ursprünglich 'raten', denn beim Losorakel wurde erraten und geraten.

Beraten will uns das Buch auch heutzutage, wenn es nicht ausnahmsweise 'ein Buch mit sieben Siegeln' ist. In vielen Kulturen kennen wir das 'Buch des Lebens', im Osten die 'Akasha-Chronik' genannt. Hier sind alle Ereignisse, alle Taten und Gedanken, das ganze Wissen des Menschen und seine Erfindungen aufgeschrieben und können von besonders begabten Menschen - den Hellsehern - gelesen werden.

Natur/Krafft/und Wirkung.

Die Bletter deß Buchbaums sind kalter Natur. Die Frucht ist etwas warm.

Aussen

So man frische Buchbaumsbletter kewet/helffen sie trefflich wol wider der Lippen und deß Zanfleisches hitzige Geschwulst/und Geschwäre. Gestossen und auffgestrichen/stärken sie die schlaffende Glieder.

Das Wasser welches in den holen Buchen unnd alten Eychbäumen gefunden wirdt / gibt ein edle Artzney zu allerhand Grind/onnd Rauden deß gantzen Leibs/an Menschen und Vieh/damit gewaschen.

So man Bucheckern zu Aschen brennet/dieselbe Asche mit Hüner oder Schweineschmaltz mischet/und auff die Lenden warm legt/helffen sie wider den Stein.

Mit einem Buchbäumen Reißlein vertreibt man die gifftigen Nattern.

Petrus Creszentius schreibt/daß die Buchaschen kan gebraucht werden zu dem Glaßmachen.

Apfelbaum

23. Dezember bis 1. Januar und
25. Juni bis 4. Juli

Paradiesbaum / Pirus malus / Pommier / Apple-tree

"Die Apfelbäume winken blütenschwer, und Mädchensang tönt von den Wiesen her."

OTTO ERICH HARTLEBEN

Der Apfelbaum - die Liebe

Zwar ist der Apfelbaum nicht gerade sehr kräftig gebaut, aber wieviel Anmut und Charme besitzt er, wieviel persönliche Ausstrahlung und Anziehungskraft. Und diese Anziehungskraft auf das andere Geschlecht verliert bis ins hohe Alter nicht an Wirkung. Einfühlsam, das ganze Leben lang, mal glücklich, mal unglücklich verliebt, ist er immer zu Flirts und Abenteuern bereit. Findet er eine zufriedenstellende Partnerschaft, so wird ihm seine Vernunft die Seitensprünge verbieten, denn sein sehnlichster Wunsch ist es zu lieben und geliebt zu werden.
Trotz seiner Schwäche für Liebeleien ist der Apfelbaum im Grunde ein treuer und zärtlicher Partner. Die Fähigkeit, sich eigennützig zu verhalten, fehlt ihm völlig. Er würde das letzte Hemd hergeben und die letzten Pfennige mit ihm teilen. Leider führt das aber auch manchmal dazu, daß diese Güte und Großzügigkeit ausgenutzt werden.
Im Inneren des Apfelbaumes schlummern die Anlagen zu einem Wissenschaftler, und unter günstigen Bedingungen erreicht er viel, kommt zu Würden und Ansehen. Aber eigentlich lebt er gerne in den Tag hinein und denkt nicht an Morgen. Oft ist er zerstreut - im Grunde ein sorgloser Philosoph mit einem Quentchen Phantasie. Das Leben des Apfelbaumes ist niemals ruhig oder langweilig, sondern immer aufregend und interessant.

Apfelbaum

Dionysos, Geber des Weines, war auch der Schöpfer des Apfelbaumes. Er schenkte ihn Aphrodite und dadurch wurde der Apfel ein erotisches Bild.
Eris, Göttin der Zwietracht, warf bei einem Götterfest, zu dem sie nicht geladen war, einen golden Apfel mit der Aufschrift 'der Schönsten' unter den Götter, woraus sich bekanntlich der trojanische Krieg entwickelte. So wurde Apfel zum Zankapfel.
Oft sind Äpfel die Speisen von Göttern und Halbgöttern wie in der griechischen und nordischen Mythe; sie hatten die Kraft, die sie Essenden zu verjüngen; sie sind Symbol der nährenden Liebe und der Mutterbrust.
Auch die von Eva gepflückte Frucht, die verbotene Frucht vom Baum der Erkenntnis des Guten und Bösen, wird als Apfel gesehen; so schenkt er Wissen.
Auf jeden Fall ist der Apfel eine runde Sache; rund, wie man sich früher das Weltall vorstellte - deshalb war er als Reichsapfel auch Zeichen der Macht - und rund wie die Erde. Schneiden wir den Apfel am Äquator durch, so entdecken wir den Fünfstern des Kerngehäuses. Der Fünfstern oder das Pentagramm, welches sich bereits in der rosigen Blüte mit den fünf Blütenblättern zeigt, ist das Sinnbild des Menschen: Zu den vier irdischen Elementen kommt als fünftes der Geist, welcher den Menschen über das Naturreich hinaushebt. Das Pentagramm wird auch Drudenfuß genannt und war von alters her ein Bannzeichen gegen das Böse - die Druden sind weibliche Nachtgeister - und gab Macht über die Geschicke.
So liegt im Apfelfleisch, der nährenden, sich hingebenden Liebe eingeschlossen die das Böse abwehrende und die vom Übel reinigende Kraft. Das ist der esoterische Kern aller Hochreligionen!
Es gibt auch einen wilden Apfelbaum, den Holzapfel - dessen Blüte bei Bach die 'Reinigungsblüte' ist - aber von weit größerer Bedeutung ist der kultivierte. In über tausend Arten wird er gezogen, denn der Apfel ist die wichtigste Baumfrucht und das am häufigsten verzehrte Obst. Auch die Blätter sind eßbar, sie schmecken allerdings bitter.
Blätter und Blüten als Tee sind harntreibend und helfen bei Harnwegerkrankungen; die Rinde ist nach Mességué ein vollgültiger Ersatz für Chinin.

Der Apfel wirkt günstig auf den gesamten Verdauungsapparat; jeden Tag sollte mindestens ein Apfel gegessen werden. Viele der alternativen Heilmethoden kennen die Apfelkur, denn der Apfel wirkt entschlackend und entwässernd und reinigt den Körper. Roh genossen wirkt er etwas stopfend, gekocht leicht abführend. Hier die Apfelkur nach Cayce, der sie bei allen Arten von Toxikämie bzw. Toxizität empfahl - also bei übermäßiger Ansammlung von Giftstoffen im Körper (Kopfschmerzen, Arthritis, Verstopfung): Drei Tage lang nur rohe Äpfel - selbstverständlich aus biologischen Anbau und samt Schalen und Kernen - der Sorten Jonathan oder Delicious essen, wenn möglich am ersten Tag ein Darmbad bzw. einen Einlauf, um Giftstoffe auszuschwemmen; am letzten Abend 2 Eßl. Olivenöl (oder, bei Leber-Galle-Schaden, jeden Abend 1 Teel.). Nach dieser Kur fühlt man sich durch und durch gereinigt.
Von dem amerikanischen Arzt Jarvis stammt die Apfelessig-Honig-Kur, die er gegen viele Krankheiten, insbesondere die des rheumatischen Formenkreises, empfahl: Pro Glas Wasser etwa 1 Eßl. Essig und 1 - 2 Teel. Honig - je nach Geschmack. Pro Tag werden je nach Wunsch 2 - 4 Glas getrunken. Der Apfelessig (natürlich aus ganzen, biologisch gesunden Äpfeln hergestellt) desinfiziert, löst Ablagerungen, belebt; Honig ist ein Bakterientöter und baut auf.
Auch äußerlich ist Essig hilfreich, z. B. als Einreibung bei Krampfadern; als Badezusatz und als Abreibung erfrischt er.
Aus der Haushaltspflege ist bekannt, daß Essig Kalkablagerungen entfernt und unangenehme Gerüche neutralisiert; außerdem wirkt er desinfizierend, weshalb er früher in der Krankenpflege eine große Rolle spielte.

Natur/Krafft/und Wirckung

Die Natur oder Complexion der Aepffel ist nicht einerlei.
Die sawren sind fast kalter ond irrdischer Complexion.
Die süssen neigen sich etwas zu der Wärme.
Die Weinechten sindt mitler Natur.

In Leib

Die sawren Aepffel sind gut denen/welchen der Magen von Wärme/oder feuchtigkeit verderbt ist.
Die Wilden ziehen zusammen/ond tropffen.

Die süssen werde eher verderwet/doch so der Magen von Natur hitzig/verwandelen sie sich leicht in ein Cholerische Feuchtigkeit.
Der Safft auß den süssen Aepfflen mit Ochsenzungenwasser vermischet/ist gut wider die Melancholei/leutert das verfinsterte Blut.
Die Weinechten/so sie wol zeitig/ober den Winter ond Lentzen gehalten werden/die sind gut/auch bißweilen den Krancken/so man sie kochet/oder bratet/dann auß diesem Weinsawren Aepffeln wirt auch ein Latwerg gemacht/gleicher massen wie von den Quitten gemeldet/solch Latwergen dienet zu den hitzigen Fiebern/sie leschet den Durst/ond hitze/sterckt das Hertz ond den Magen.
Faßt alle Aepffel haben die Eigenschafft/so man den Safft darauß preßt/mit einem wenig Saffran vermischt/ond trinckt/widerstreben sie dem Gifft/ond treiben die Würme auß dem Leibe.

Aussen

Zu dem Stechen der Seiten/thut man in einen süssen Apfell gestossenen Weirauch/lesset in braten in der Aschen/ond legt in ober.
Zum brandt des Pulvers sendet man ein süssen Apffel in einem breiten Wegrichwasser/biß er wol weich wirdt/darnach legt man ihn mit einer Milch ober den Schaden.
Die frische Bletter von dem Apffelbaum zerstossen/onnd obergelegt/oder den Safft darauß gedruckt/onnd auffgestrichen/wehren den anhebenden/hitzigen Geschwülsten.
Es wird auch darauß gemacht die wolriechende Salben Pomada genannt/die oberal im gebrauch ist.

Syrup von Aepffeln.

Von dem Apffelsafft wird in den Apotecke/ein Syrup bereit/welcher das Hertz stärckt/stillet das Herzklopffen/stärckt den Magen leschet den Durst in hitzigen Fiebern/ond dienet auch wider die Melancholische Gebrechen.

Faul Apffelwasser

Von den geimpfften/wenn sie faul seind/wird in Balneo Mariae, ein Wasser gebrennet. Ist gut für kalten faulenden Brandt/ der umb sich frist ond außfault/oder wie der ist/damit gewaschen/ond mit einem Tuch darüber gelegt/Morgens ond Abends.
Das Wasser ist auch gut für schwarzte Blattern/für den Wolff/Pestilenzische Aposternen ond Geschwer/zum Tag dreimal mit Tüchern übergelegt.
Das Wasser von zamen Aepffeln gebrandt/ehe sie faul werden/ist gut zur Stärckung ond Kräfftigung/fület den Leit ond Hertz/Morgens ond Abends getruncken.

Aepffelblüthwasser

Die Blüthe von den geimpfften Aepffelbäumen/wann sich die Knöpffe von einander theilen/Thücher ondern Baum gespreitet/ond mit Stecklein an den baum geschlagen/die Blumen gebrant in Balneo Mariae.
Das Wasser ist gut für die Röthe/ond ungestalt des Angesichts/Morgens ond Abends etwann drey oder vier Wochen lang damit gewaschen/es hilfft wol.

Tanne

2. - 11. Januar und 5. - 14. Juli

Thannenbaum / Deckboom / Abies / Sapin / Fir-Tree / Mastboom

"O Tannenbaum, o Tannenbaum! Du bist ein edles Reis. Du grünest in dem Winter, als wie zur Sommerzeit!"
aus "DES KNABEN WUNDERHORN"

Die Tanne - das Geheimnisvolle

Die Anmut der Tanne ist herb und kühl und sie hat einen außergewöhnlichen Geschmack. In Gesellschaft fällt sie durch Würde, Zurückhaltung und kultiviertes Auftreten auf.
Sie liebt Schmuck (besonders die weibliche Tanne), schöne Möbel - überhaupt das Schöne in jeder Gestalt. Im allgemeinen ist die Tanne mit einem langen Leben gesegnet, aber es kommt vor, daß sie an einer chronischen Krankheit leidet.
Das leben mit ihr ist nicht immer einfach, denn sie ist häufig launisch, eigensinnig und kann auch in großer Gesellschaft einsam bleiben. Ihre Neigung zum Egoismus ist ihr selbst nicht immer bewußt. Das muß aber nicht heißen, daß sie die, die ihr nahestehen, schlecht behandelt. Im Gegenteil, sie identifiziert sich weitgehend mit ihrer Lebensgemeinschaft und ist dafür sogar zu großen Opfern bereit. Sie ist alles andere als geschwätzig, und ihre Ansprüche sind eher bescheiden. Fremden gegenüber kann sie sehr abweisend sein.
Sie ist ausgesprochen ehrgeizig, begabt und von ungewöhnlichem Fleiß.
In der Liebe ist sie meist der unzufriedene Partner, denn sie verlangt viel, gibt selber aber weniger. Aber wenn sie dem richtigen Menschen begegnet, verliebt sie sich leidenschaftlich und treu.
Ihre ungewöhnliche Intelligenz eröffnet ihr vielfältige Ausbildungsmöglichkeiten. Es kommt aber vor, daß der später ausgeübte Beruf mit ihrer Ausbildung nicht das geringste zu tun hat.
Die Tanne hat oft Feinde, aber auch treue Freunde, denn in der Not kann man sich immer auf sie stützen - sie ist ein zuverlässiger Mensch.

Tanne

'Schatzhauser im grünen Tannenwald,
bist schon viel hundert Jahre alt,
Dein ist all Land wo Tannen stehen,
läßt Dich nur Sonntagskindern sehen'

so beschwört Kohlenmunkpeter in dem Märchen 'Das kalte Herz' von Wilhelm Hauff den guten Geist des Schwarzwaldes, indem er sich an die schönste und größte Tanne im Tannenbühl wendet. Der böse Geist - er kommt ungerufen, wie leider so oft - ist der mächtige Holländer-Michel, der einen Tannenstamm über der Schulter trägt. Dieser wird nach Holland geflößt und dort zum Schiffsmast. Tannen und Fichten haben von allen heimischen Hölzern den längsten und geradesten Holzstamm. Die mächtigen Tannen geben auch das beste Holz für die Resonanzböden von Geige und Klavier und Deutschlands Geigenbauschule, welche die Tradition des großen Geigenbauers Klotz fortführt, liegt deshalb mitten im Tannenwald, in 'Mittenwald'. Hier im Mittel- und Hochgebirge ist die Heimat der mächtigen Tanne, die mit 60 m der höchste Baum Deutschlands ist.
Wir kennen zwei Tannenarten: die Weißtanne oder Edeltanne mit glatter, silberweißer Rinde, und die Rottanne, welche auch Fichte genannt wird, mit rauher, rötlicher Rinde. Sprechen wir von Tanne, so meinen wir meistens die Weißtanne. Sie hat im Unterschied zur Fichte aufrechtstehende Zapfen, die in Schuppen abfallen, wobei die Spindel am Baum verbleibt; Tannenzapfen sind also immer von der Rottanne.
Auch unser Tannenbaum zu Weihnachten ist meist eine Fichte, da sie schneller wächst als eine Edeltanne. 200 Jahre braucht eine Weißtanne zum Auswachsen, etwa die Hälfte die Rottanne; in die Ebene verbracht, wandelt sie sich jedoch zum schnellwüchsigen Nadelbaum und wird deshalb in Massen zur Nutzholzgewinnung angepflanzt. Jedoch ihre Nadeln verwesen langsam und bilden eine sauere Humusschicht, die den Boden lange Zeit verdirbt:

'Wo der Förster hat gefichtet,
dort ist die Natur vernichtet'
sagt der Volksmund.

Die Fichten-Monokulturen sind nicht schön. Die dicht bei dicht stehenden Bäume können nur ganz oben eine Krone bilden - unten sind sie nackt. Auf engem Raum gedeihen ihre ohnehin flachen Wurzeln nur schwach, und so sind sie anfällig für Windbrüche. Tierische Schädlinge, besonders die Schmetterlingslarve der Nonne, finden einen reichgedeckten Tisch. Das durch mancherlei zivilisationsbedingte Umwelteinflüsse bewirkte Baumsterben ergreift bevorzugt diese angepflanzten, anfälligen Fichten; mehr und mehr jedoch auch die wildwachsenden Tannen und Fichten.

Und dabei ist dieser Baum das Symbol des ewigen Lebens. Zum Totenkranz gewunden symbolisieren Tannenzweige das immerwährende Leben zweifach: Durch ihre Kreisform und durch ihre immergrünen Nadeln.

Zum beliebten deutschen Weihnachtsbaum mit seinen Sonnenwendlichtern und den Fruchtbarkeitssymbolen von Äpfeln und Nüssen wurde der Tannenbaum allerdings erst im 19. Jahrhundert.

In der Volksmedizin werden mehrere Teile der Tanne gebraucht: Bereits der Duft wirkt reinigend und erfrischend auf die Atemwege. Zerkautes Tannenharz reinigt und desinfiziert den Mund und festigt das Zahnfleisch. Zur Zahnpflege dient auch ein etwa 1/2 cm dickes Zweiglein von ihr, das solange gekaut wird, bis die Fasern ausgebreitet sind wie ein Besen. Damit werden die Zähne von innen nach außen senkrecht gereinigt.

Am häufigsten nutzt man jedoch die jungen Triebe der Tannen und Fichten. Sie werden im April und Mai gesammelt; jedoch keine aus der Spitze, da der Baum sonst verkümmert! Die Triebe taugen zu Tannenhonig und Tannenbier, eine Teekur mit ihnen im Frühjahr schenkt neue Kraft und sie ergeben einen herrlichen Badezusatz.

Tannenhonig:

Die jungen Triebe werden mit Wasser bedeckt und 3 Tage geköchelt, abgeseiht, mit Honig versetzt und kühl gelagert. Dieser mineralstoffreiche Tannenknospenhonig wird wie Hustensaft gebraucht.

Teekur:

2 Teel. Triebe pro Tasse und 2 Tassen pro Tag nimmt man bei der einwöchigen Teekur. Sie ist schweiß- und harntreibend, wirkt also entgiftend. Da sie zudem viel Vitamin C enthält, eignet sie sich bei grippalen Infekten, bei Rheuma und zur Frühjahrskur.

Natur/Krafft/und Wirkung

Beyde Thannen sind einer zusammen ziehenden Natur/haben die Kräffte aller welche von dem Fichtenbaum gemeldet.

Thannen-Zapffen

Diese werden gesotten in einem Wasser/und ein Thüchlein wol darein genetzt/über die Wartzen warm geschlagen/die zu tieff in der Haut stecken/davon sie herauß gezogen werden.

Deß Hartzes

Thannenhartz weicht und säubert. Das auß der weissen Thannen ist köstlicher / und wird allerhand gebraucht wie Terbenthin. Insonderheit aber heilet und hefft es zusammen die frische Wunden/onnd fürnemlich deß Haupts/da das Hirn nicht entblößt ist.

Das Hartz reinigt die Nieren/onnd treibt den stein/so man sein fünff quentle schwer trinkt.

Welchem die Hüfft wehe thun/dem ist dieses Hartz sehr gut/mit Feldcypressen/je lenger je lieber genannt/jeders dritthalb quentle schwer eingenommen. Solche Artzney dienet auch wider das Zipperle. Wie man aber allerlei Hartz einnemmen kan ohn alle Widerwertigkeit/sihe das Kapitel unter dem Terbenthin.

Im Gebirge dem Land zu Meichsen heist man etwas Dannenblattern/seind Bläßlin an den Stämen deß Dannenbaums/in welchem etliche Tropffen seyn einz lautern Hartzes/diß wirt gesamlet/und für ein heilsam Artzney der Wunden gehalten. So gebrauchen es auch die Inwohner an statt deß Terbenthins zu dem grieß.

So man das Hartz auff Papier dünn streicht/und ins gemach auff die Tisch oder Bänke legt/da viel Fliegen sind/fängt man sie leicht/denn sie bleiben daran bekleben/alsbald sie darauff sitzen.

Deß Pechs

Thannenpech ist gut zu den löcherten Geschwüren/fürnemlich an den Schenckeln: Mach das Pech warm in einem Töpffle/biß es wol zergehe/darnach habe leinene Tüchlen/Stück oder Pflasters weise zerschnitten/die leg ins Pech / nimb sie widerumb herauß mit einem nassen Höltzlein / onnd breite sie auff ein Bret / biß sie erkalten.

Oel von den Thannen

Das Oel von den Thannen wirdt viel in den Alpib bei Verona gemacht/unnd darvon in die Apotecken hin unnd wider gebracht/oder sonst verkaufft/denn man in Welschland solchs viel zu den Wunden im Kopff pfleget zu brauchen. Etliche thun darzu noch so viel Olei Ros Completi.

Ulme

12. - 24. Januar und 15. - 25. Juli

Ulmenbaum / Rustbaum / Ulmus / Rustholtz / Lindbast / Ruscht / Elmtree / Yffenholtz / Rüster / Orme / Elfenholz / Rüster

"Sicher wie ein Haus, groß wie ein Baum, die gepflegten Wurzelfinger der Ulme, unter ihren Schuhn starkes Erdgebein."

MAURICE LINDSAY

Die Ulme - die gute Gesinnung

Die Ulme erregt Aufmerksamkeit durch ihre Wohlgestalt, um so mehr als sie sich gepflegt und geschmackvoll zu kleiden versteht. Doch eigentlich hat sie eher bescheidene Ansprüche und wird niemals sich oder anderen das Leben schwermachen. Dennoch stellt sie hohe Anforderungen und neigt dazu, anderen ihre Fehler übelzunehmen. Ruhig und beherrscht, doch von Natur aus heiter, erringt sie bei den Menschen leicht Vertrauen und bekommt im Beruf viel Anerkennung. Sie führt, aber gehorcht nicht gern!
Dem Schein nach widerstandsfähig, hat sie doch eine zarte Gesundheit und kränkelt oft, meist jedoch nicht ernsthaft! In der Partnerschaft ist sie treu und ehrlich. Die familiären Verpflichtungen werden von ihr mit großem Ernst wahrgenommen. Doch wie so oft im Leben, gibt es auch bei der Ulme Licht und Schatten: So hat sie auf der einen Seite eine starke Neigung zum Rechthaberischen und einen Drang, über andere zu bestimmen. Andererseits kann man ihr dies leicht verzeihen, weil sie gleichzeitig edelmütig, großzügig und opferbereit ist.
Sie ist humorvoll und praktisch, verfügt über eine rege und wache Intelligenz und einen überdurchschnittlichen Verstand. Ihr Leben gestaltet und plant sie mit Weitblick und Vernunft und wird immer alle Möglichkeiten weise ausschöpfen.

Ulme

Noch steht die von Uhland besungene Ulme zu Hirsau.
Hockenjos hat sie entdeckt und vorgestellt. Aber wenn sie auch als Bergulme etwas widerstandsfähiger gegen die Ulmenkrankheit ist als die Feldulme, so ist es wohl nur eine Frage der Zeit, bis auch sie befallen wird und stirbt. Bei der Ulmenkrankheit wirken Ulmensplintkäfer und ein von ihm übertragener Schlauchpilz zusammen: Der Käfer ernährt sich von den Ulmenblättern, seine Larven vom Kambium; der von ihm übertragene Pilz wuchert in die Leitungsbahnen des Baumes und verstopft sie. Die Ulmenkrankheit erschien bereits in den 20er Jahren, aber sie kam und ging. Heute jedoch ist der Gesamtbestand gefährdet, ja, es wird das Aussterben der Ulme befürchtet, zumal kein geeignetes Gegenmittel bekannt ist. In vielen Auwäldern - dem bevorzugten Standort der Feldulme - steht oft kein einziger gesunder Baum, ja, oft kein einziger lebendiger Baum. Nur die Baumgerippe ragen noch starr und vertrocknet aus dem Unterholz, geben Vögeln Nistplätze und dem Kleingetier Wohnung - umkleiden sich und ihre Mieter mit schützenden Vorhängen aus Efeu und Lianen. So werden wir wohl in Zukunft auf das schöne Möbelholz der Ulme oder Rüster verzichten müssen.
Früher wurden ihre Zweige zu Flechtarbeiten und ihre Triebe als Viehfutter verwendet. Die Ulmenblätter sind auch für den Menschen eßbar und stillen von allen Baumblättern am besten den Hunger.
Schon seit der Antike wird der Heilwert der Feldulmenrinde genutzt: Durch ihren hohen Gerbstoffgehalt dient sie - ähnlich der Eiche - zur Behandlung von Durchfällen, wobei ihr hoher Schleimstoffgehalt die Magenwände schont. Auch als Mittel gegen Perioden-Schmerzen wurde sie eingesetzt, sowie als nierenanregender Rheumatee.
Bach fand in der Ulmenblüte das Heilmittel gegen das vorübergehende Gefühl, seiner Aufgabe oder Verantwortung nicht gewachsen zu sein.
Die Ulme, auch Iffe oder Rüster genannt, ist ein Merkur-Baum; gehört also zum Prinzip der Beweglichkeit. Merkur, der Götter-

bote, ist für den Menschen der große Mittler, insbesondere zu den geistigen Welten. Um diesen speziellen merkurischen Aspekt, der in unserer egozentrischen Zeit viel zu sehr vernachlässigt wird, wieder zu stärken, wird die folgende Baum-Meditation bevorzugt unter Ulmen geübt.

Baum-Meditation:

"Ich stehe locker aufrecht, die Füße etwa handbreit auseinander, mit der ganzen Sohle auf der Erde; der Kopf ruht auf dem natürlich aufrechten Körper, das Kinn ist etwas zurückgenommen, also der Kopf nicht in den Nacken gelegt. Nun senden meine Füße Wurzeln aus, etwa 1 m in die Breite und die Tiefe, bis ich fest verwurzelt bin. Ich hole nun mit jedem Einatmen die Erdkraft durch meine Füße in mich hinein, etwa bis zur Körpermitte; beim Ausatmen lasse ich meine Gedanken wieder in die Wurzeln hinunter und gebe Überflüssiges ab. Das realisiere ich etwa 20 Atemzüge lang, wobei der Atem, ohne forciert zu werden, von sich aus ruhiger und größer wird.

Dann folge ich mit meinen Gedanken der Wirbelsäule von unten nach oben und wende mich dem Kopf, meiner Krone, zu. An seinem Scheitelpunkt - also dem höchsten Punkt des Kopfes - fühle ich ihn an den Himmel angelehnt. Von hier hole ich nun bei jedem Einatmen die Kraft des Himmels in mich hinein bis zur Körpermitte, also dem Bauchraum. Bei Ausatmen folge ich mit meinen Gedanken dem Atem und gebe mir Unerwünschtes an den Himmel ab; auch etwa 20 Atemzüge lang.

Nun nehme ich beim Einatmen sowohl von der Erde als auch vom Himmel Kräfte auf, die sich in meiner Körpermitte treffen und beim Ausatmen gebe ich sowohl nach unten als auch nach oben Schädliches fort.

So stehe ich fest und frei wie ein Baum zwischen Mutter Erde und Vater Himmel!

Dieser Teil dauert 5 bis 15 Minuten, je nach Können und Verlangen. Danach nehme ich meine Gedanken in meine Mitte zurück, löse mich von der Vorstellung, wie ein Baum zu sein und gehe etwas hin und her. Dabei dehne und strecke ich mich und gähne ausgiebig."

Von der Krafft und Wirckung

Salenus schreibet es sei der Ulmerbaum einer zusamen ziehenden heilsamen eigenschafft/dann er habe selbs frische wunden mit dem grünen laub zusammen gehefft. Dienet wol den Wundärzten.

Innerlich

Dioscorides will/so jemands der eussern rinden vom Küsterbaum auff zwei lot inn Wein oder kalt Wasser eintrincke/das soll den zähen schleim Pituitam / außfüren / ich habs nicht versucht. Doch so schreibet Columella. Das die Ulmer blüet den Binen schädlich sen/dann sie sollen von gemelter bluet bauch flüssig werden/gleich wie von der Esula. Sind des willen so leben die Binen inn Italia/da man vil Ulmos zielet/nicht so lang/das machet diese bluet.

Ein köstliche artzney so jemand eytter außwürfft/nimm der bletter vom Rüstbaum / welche gegen morgen stehen/Pfefferkörner/eins so vil als des anderen/doch das beides ongerad seye/zerstoß und trinks mit warmen Malvasier.

Eusserlich

Das grün Ulmerlaub deßgleichen die underst rinden/dienen wol wunden zu hefften/sagt Dioscorides. Das hat Galenus war genommen ond versucht.

Das grün laub inn Essig gesotten/unnd die fliessende raude am leib darmit gesalbet/soll darvon heilen.

Zu den Beinbrüchigen dienet dises baums rinden vast wol/deßgleichen die wurzel/darauß soll man Fomenta machen/und die versehrte bein und glider darüber bähen und erwärmen.

Der safft welcher inn knöpfflein funden wurt/machet ein hüpsch klar angesicht/so mans damit bestreichet.

Die bletter zerstossen/und mit Wasser besprenget/on ober die geschwollene füß gelegt/legt die geschwulst nider.

Das Holz/laub und rinde/oder wurzel inn Wasser gesotten/hilfft solliche brü und zertheilet die knollen unnd beulen den Ochsen am Halse/so vom ziehen auff gelauffen.

Das Holz ist sonst gebreuchlich zu aller hand gebäu und werkgezeug.

Wurmmeel

Als Wurmmeel wirt Grieschisch Saprotes, zu Latein Caries lignorum genennet. Das Wurmmeel auß dem alten Holz onnd Stämmen gesamlet/säubert die Ge-

schwer/dasselbige darein gestrewet/und heilt sie zu/es verhindert auch und wehret den Geschweren/die weiter umb sich fressen/mit gleich so viel Aniß unnd mit Wein befeucht/also auff ein Tüchlein gestrichen und auffgelegt.

Von dem Safft und seinem äusserlichen Gebrauch

Man pflegt im Junio den Safft zu sammeln/welcher in den Knöpfflein gefunden wird/und zum Gebrauch behalten.

Wer einen Weydbruch am Gemächt hat/dem soll man leine Tüchlein in diesem Safft netzen/und überlegen/darnach wol zubinden/so wird es wiederum besser. Etliche rühmen diesen Safft hoch/die frische Wunden damit zu heilen/(noch viel kräfftiger soll sein das Oel daraus distilliert). Das Angesicht darmit bestrichen/soll es schön und klar machen.

Zypresse

25. Januar - 3. Februar und 26. Juli - 4. August

Cypressenbaum / Cypressus / Charita / Cypress / Cyprés

"Die Cypresse ist der Freiheit Baum, nie zur Erde die Zweige senkt sie."

MIRZA SCHAFFY (d.i. FRIEDRICH BODENSTEDT)

Die Zypresse - die Treue

Die Zypresse ist stark, solide, muskulös gebaut - und wirkt oft eher stämmig. Ihr biegsamer Charakter erleichtert ihr das Leben. Eigentlich braucht sie wenig zum Glück, denn sie nimmt das Leben wie es kommt und kann unter allen Umständen heiter, zufrieden und voll Optimismus sein. Durch diese Lebenseinstellung bleibt sie lange jung. Wichtig sind ihr eigentlich nur zwei Dinge: ein gesundes Auskommen und viel Anerkennung - alles andere ist Nebensache.

Die Zypresse scheut die Einsamkeit; sie möchte immer von Familie oder Freunden umgeben sein. In der Liebe ist sie stürmisch, unersättlich und nicht zufriedenzustellen. Ihren Freunden gegenüber verhält sie sich wohlwollend und treu. Sie ist nicht sentimental, manchmal heftig und aufbrausend, oft widerspenstig, einerseits pedantisch, andererseits aber auch nachlässig. Kurz: Sie ist ein eigenartiges Individuum! Sie mag keine Diskussionen, liebt es aber sehr, sich auszusprechen. Dank ihrer wachen Intelligenz und ihrer Fähigkeit zu reflektieren wird sich die Zypresse ihr Leben ausgewogen einrichten: Arbeit und Vergnügen gleichmäßig dosiert. Trotzdem wird ihr immer etwas fehlen.

Zypresse

Die Zypresse war schon im Altertum ein magischer Baum. Plato sah in dem immergrünen Baum ein Symbol der Unsterblichkeit der Seele, Horaz den Ausdruck der Trauer. Bei den Römern war sie der heilige Baum Plutos, des Totengottes. Sie wurde um und sogar auf Mausoleen gepflanzt, wo sie auf dem weißen Marmor und mit ihm zusammen vor dem mediterranen Himmel einen einzigartigen Farbklang schuf. Dieser 'Totenbaum' oder auch 'Lebensbaum' - van Gogh hat ihn als feurig-wilde Lebensflamme gemalt - wird sowohl in China als auch im Abendland viel auf Friedhöfen angepflanzt.

Die echte Zypresse (Cupressus sempervirens) ist ein 20 - 50 m hoher Baum und stammt aus dem Orient. Der Abendländische Lebensbaum (Thuja occidentalis) wird oftmals nicht von ihr unterschieden; auch der heimische Wacholder oder Machangel (Juniperus communis) ist ein naher Verwandter der Zypresse. Die Verwendung der Zypresse in der Volksmedizin ist vielseitig. Neben Zubereitungen aus Zweigen und Nüssen wird auch ihr heilkräftiger Duft geschätzt.

Die Griechen ließen den an Schwindsucht Erkrankten den Duft von Zypressenwäldern einatmen.

Wilhelm Fabricius erwähnt, daß in Japan wissende Priester im Buddha-Heiligtum Kiso vier verschiedene Nadelhölzer zu Heilzwecken verwenden, indem sie die Patienten zum Gebet daruntersetzen: Die Honoki-Feuerscheinzypresse beruhigt den Choleriker; der Phlegmatiker wird durch die Sawara (erbsenfrüchtige Zypresse) ermuntert; die Hiba (Thujopsis) wirkt ausgleichend auf den Sanguiniker und die Cryptomeria vermittelt dem Melancholiker Lebensmut. Wir finden bei dieser Therapie die beiden heilkräftigen Aspekte der Zypresse genutzt: Sie gibt Ruhe, ermuntert aber auch; es sind dies die beiden positiven Aspekte des Todes: Für manche ist der Tod das Tor zur langersehnten Ruhe, für andere der Übergang zu einem erneuten Leben. Das ätherische Zypressenöl gewinnt man aus der Frucht: Dem Zapfen oder der Nuß. Es ist ein klares Öl mit nußartigem Geruch, ein entspannendes und gleichzeitig erfrischendes Badeöl. 5 - 10 Tropfen nimmt man pro Vollbad. Tisserand bemerkt dazu: 'Es hat den Anschein, als ob das Zypressenöl zu den Essenzen mit dem weitesten Anwendungsbereich gehören könnte, wenn wir nur besser über seine Eigenschaften Bescheid wüßten. Seine Fähigkeit, dem krankhaften Fluß von Körpersäften Einhalt zu gebieten, ist fast einzigartig unter den ätherischen Ölen. Seine Affinität zu den weiblichen Geschlechtsorganen (die einer beinahe hormonartigen Wirkung zugeschrieben wird), ist eine Bestätigung des starken Yin-Charakters.'

Mességué verwendet die Zypresse bei Erkrankungen der Gebärmutter und des Mastdarms sowie bei Hämorrhoiden: 4 Nüsse oder die entsprechende Menge kleingeschnittener Zweige aus Holz pro 1 l Wasser werden zum Tee gebrüht; 2 - 3 Tassen sind Tagesration. Für Hand-, Fuß- und Sitzbäder sowie für Umschläge und Klistiere schreibt er den doppelte starken Auszug vor, also 8 Nüsse pro Liter. Die Früchte sollen von Mai bis Juni, also als grüne, fleischige Nüsse gesammelt werden.

Öl- und Alkoholauszug:

Die jungen Zweigspitzen der Zypresse werden im Frühling, wenn der Saft steigt, gepflückt und kleingeschnitten. Der Ölauszug - er kann mit etwa 2 % des ätherischen Öls aufgewertet werden - ergibt ein Massageöl für Gicht- und Rheumakranke. Den Alkoholauszug - die zerkleinerten Triebe werden in fünfzigprozentigem Alkohol 2 - 3 Wochen angesetzt - verwendet man äußerlich zur Behandlung von Hornhaut und Warzen, indem man die betroffenen Stellen mehrmals am Tage betupft oder getränkte Watte auflegt.

Von der Natur/Krafft und Eigenschaft des Cypressenbaums.

Dioscorides schreibet der Cypressenbaum ziehe zusammen/und kühle: Verzehre auch die Feuchtigkeit. (Die Nuß sind stärker in ihrer Natur/dann die Blätter: sind neben gelinder Wärme auch trucken biß in dritten Grad/ohn einige Schärffe.

Innerlicher Gebrauch

Die Nuß von Cypressen frisch zerstossen/und mit Wein getruncken/benimmt das Blutspeyen/(husten/schwerlichen Athem/die rothe Ruhr/und Bauchfluß).

Welchen Personen der Harn ohn ihren Willen entgehet/die sollen die Blätter mit Myrthen in Wein sieden/und davon trincken/so verhält es das Fliessen/(auch ist solcher Wein denen gut/die mit Noht tröpffling harnen.)

Die Blätter oder Nuß mit rohtem Wein oder Wegrichwasser gesotten/stillen allerley Fluß des Magens/der Mutter und der Leber.

(So man die weiche grüne Nüßlein in altem Wein siedet/und darvon alle Tag sechs Loht trincket/auch die zerstossene Schößlein dusserlichen aufflegt/ist ein heilsam Mittel in den Brüchen.)

Eusserlicher Gebrauch

Dioscorides schreibet/daß die Blätter klein gestossen/und auffgeleget/die Wunden hefften/und das Blut stillen.

Wer im Leib zerbrochen ist/der soll aus den Blättern und Nüssen ein Pflaster machen/ond überlegen.

Die Blätter in Essig zerstossen/ond auff die Wunden gelegt/etzen das faul Fleisch aus/und behalten die Wunden rein.

Man saget/daß der Rauch oder Dampff von den Cypressennüssen/die Mücken vertreibt.

Cypressennüß in Essig mit Feigbonenmähl gesotten und aufgelegt/tilget aus die rauhe/unebene Nägel der Finger/(wehret dem Weidbruch)

Die Blätter zerstossen und mit Essig vermischet/färben sie das Haar.

(Die Nüßlein mit Mauleselhuffen zu Aschen gebrannt/ond mit Myrthenöl zu Sälblein gemacht/und auffgestrichen/wehret dem Haar ausfallen.

Cypressennuß gestossen/mit Feigen vermischt/ond ein Teig gemacht/erweichet alle harte Geschwülst/benimmt das Fleisch/so in der Nasen wächst/wie ein Pflaster übergelegt.

Die Blätter/wie auch die Nüsse mit Essig gesotten/und den Mund warm ausgeschwencket/heilet das Zahnwehe.

Mit Gerstenmähl vermischet/und übergeschlagen/heilet den kalten Brand/die um sich fressende Geschwär/und hitzige Geschwülst der Augen.

In Essig gesotten und angestrichen vertreiben sie die weissen Flechten.)

Pappel

4. - 8. Februar, 1. - 14. Mai und 5. - 13. August

Pappelbaum / Bellen / Populus / Sarbaum / Poppelweiden / Albeerbaum / Abeelboom / Pappelweide / Peuplier / Poplar Aspen

"Ich war, wo die Pappel sicht erhebt aus dem schönen glänzenden Grund."

EMILY BRONTE

Die Pappel - die Ungewißheit

Die Pappel ist sehr dekorativ und erfreut das Auge durch ihr Aussehen, sie scheint überhaupt nicht zu altern. Im allgemeinen hat sie kein sehr sicheres Auftreten und mutig ist sie nur in wirklich entscheidenden Augenblicken, doch auch dann hat sie immer das Gefühl, auf verlorenem Raum zu stehen. Die Zeit spielt in ihrem Leben eine große Rolle und lastet schwer auf ihren Schultern, ihre Wellen bringen mal Schlechtes, mal Gutes.
Sie braucht Wohlwollen und eine angenehme Umgebung, aber da sie auch sehr wählerisch ist, bleibt sie oft einsam und allein. Ihr unruhiges Herz ist großer Gefühle fähig, findet aber selten Erfüllung. Ihre ungeheure Empfindlichkeit macht ihr das leben mit anderen schwer. Mal pessimistisch, mal enthusiastisch, verbirgt sie ihre Erlebnisse tief in ihrem Innern. Sie hat eine Künstlernatur, ist ein guter Organisator und neigt zum Philosophieren. Zu ihren schönsten Eigenschaften gehört ihre Zuverlässigkeit in schweren Situationen. Partnerschaft nimmt sie sehr ernst und sie wird sich nur selten von ihrem Lebensgefährten trennen.
Das unabhängige Wesen der Pappel wird durch Liebe weich und abhängig.

Pappel

In silbern Kettenhemde blinkend
steht Ritter Pappel frank und frei,
nicht mut-, doch hoffnungslos uns winkend
denn Ritterzeit ist längst vorbei,
Tanderadei.

Ebenfalls martialisch ist ein Vetter der beiden ritterlichen Brüder Schwarzpappel und Silberpappel: Die Pyramidenpappel. Napoleon nahm sie aus der Po-Ebene und pflanzte sie als wachhabende Soldaten an seine Heerstraßen und Alleen. Eine liebliche Verwandte dagegen ist die Zitterpappel oder Espe, die stets flüsternd und zitternd dem leichtesten Windhauch antwortet und wie ein Ritterfräulein mit ihren Schleiern winkt. Sie ist einer der ältesten Waldbäume Mitteleuropas, der nach der Eiszeit mit Moorbirke und Fichte zusammen zurückkehrte.
Die Pappel liebt Wasser und steht gerne in unseren Auwäldern, die als schmale Bänder die Flüsse begleiten; von allen Laubbäumen wächst sie am schnellsten. Ihr weiches Holz ist gut spaltbar und wird für Streichhölzer und zur Zellulosegewinnung verwendet; früher schnitzte man daraus auch Holzschuhe. Die Rinde gab gelben Farbstoff zur Leinenfärbung und die Samenfäden Baumwolle als Stopfmaterial für Kissen und Polster. Pappelblätter sind eßbar, schmecken allerdings etwas bitter.
Bach fand in den Knospen der Zitterpappel sein Heilmittel gegen unerklärliche, vage Ängstlichkeiten, Vorahnungen, geheime Furcht vor irgend einem drohenden Unheil; im positiven Zustand ist sie mit dem Seelenpotential der Furchtlosigkeit, des Überwindens und der Auferstehung verbunden.
Die Volksmedizin gebraucht die frische Pappelrinde zum Auflegen auf Wunden, die Pappel-Holzkohle gegen Magen-Darm-Störungen, Durchfall und Sodbrennen. Aus den Knospen der Schwarzpappel stellt man eine balsamische Salbe gegen Gicht, Hämorrhoiden und Verbrennungen her.
Die Knospen der Bäume sind bereits im Herbst angelegt; sie überdauern den Winter unter einer Schutzschicht aus speziellem Harz, welche die Knospen vor Bakterien, Pilz- und Schädlingsbefall und vor der Witterung schützt.

Das Knospenharz nagen und lecken die Bienen ab und kitten damit Ritzen und Fugen ihres Stockes aus; so wird er gleichzeitig dicht und desinfiziert, also vor Schädlingen geschützt. Dieses wirksame Harz war schon in der Antike bekannt; es heißt Propolis = 'Wächter vor der Stadt'. Als Bienen-Propolis ist es noch um die Wirkstoffe der Biene bereichert und wird insbesondere bei grippalen Infekten angewendet.

Pappel-Balsam:

Die Pappel-Knospen - sie enthalten ätherische Öle, Eisen, Kalzium, Säuren, Harz und Wachs - werden etwas zerquetscht, mit Olivenöl bedeckt und 2 - 3 Wochen an einem warmen Platz angesetzt - öfter schütteln - abgeseiht, mit geschmolzenem Bienenwachs vermischt und an kühlem Ort aufbewahrt.

Von der Natur/Krafft und Eigenschaft des Pappelbaums

Der weiß Pappelbaum ist vermischter Natur saget Galenus, nemlich feucht und trocken/auch etwas mehr kalt dann warm

Wie auch der schwarz Pappelbaum/(dessen Hartz warm ist im anderen Grad.) Haben eine Krafft zu reinigen und zu säubern.

Innerlicher Gebrauch

Dodonaeus meldet aus dem Dioscoride, daß die Rinde des Baums gut seie wider das Hufftwehe/welches auch Q.Serenus Sammoniacus bezeuget.

Wer viel mit dem kalten Seich geplaget wird/der soll von der Wurtzel trincken/so wird es besser.

Wann sich jemand mit heiß Wasser oder Feur verbrennt hat/der soll die mittelste Rinde von dem Baum in wasser legen/ond den Schaden darmit bestreichen.

(Die Rinde des weissen zu Pulver gestossen/und zweyer Loth schwär getruncken / ist gut wider das Hufftwehe und tröpfflinge Harnen.

So man den Safft von Blättern warm in die Ohren thut/so stillet er den Schmertzen.)

Eusserlicher Gebrauch

Es meldet Dioscorides, wer Aspengerten in der Hand trage/der soll kein Müdigkeit an Füssen spühren.

Die junge Sprossen der Blätter zerstossen und mit Honig vermischt und angestrichen/vertreiben die Dunckelheit des Gesichts.

(Die Blätter des schwarzen mit Essig vermischet/werden mützlichen wider die Podagrischen hefftigen Schertzen übergeleget: und der Saamen mit Eßig getrunkken/solle gut seyn wider die fallende Sucht.

Aus den ersten Knöpfflein des schwartzen machen die Weiber ein schön Haar also: Sie zerstossen die Zäpfflein mit Butter/legen es in ein Topff/den vermachen sie oben zu/lassens ein ganze Wochen stehen/darnach setzen sie es zum Feur/biß der Butter zerfliesse/seihen es durch ein leinen Tüchlein/in ein sauber Geschirr: und so offt sie das Haubt gewaschen/die Haar getrucknet/schmieren sie diese Salb auf/so werden die Haar schöner/und wachsen länger.
Der Safft so aus den holen Aspen fleußt/soll die Wartzen und Zittermäler vertreiben.)

Von der Pappelsalb

Aus den jungen Sprossen/daraus die Blätter werden/wird ein solche Salb gemachet/so man Unguentum populeon nennet: Nimm die junge Schossen oder Augen dieses Baums ein Pfund / Magsaamenblätter / Haußwurtzblätter / Knabenkraut / Nachtschatten/Bilsenblätter/Lattichblätter/jedes ein Loth/stoß und seude diese Stück mit Wein über das halbe Theil ein/alsdann schlage es durch ein Tuch/wie ein Pfeffer/mische ungesaltzenen Reinberger Speck darunder/so viel du wilt/rühre es beym feur unter einander/so ist es ein Salb (welche man zu vielen hitzigen Schmertzen brauchet/und miltert den Schmerzen: Jedoch muß man sie nicht zu alt lassen werden. Man pflegt auch in brennenden Fiebern/da keine Ruhe ist/die Stirn / Schläff/Pulß ond Solen der Füß zu schmieren. Oder bereite sie also: Nimm zu Anfang des Frühlings von den frischen gelben Albersprossen ein halb Pfund/stoß sie wol zu Muß/vermische frisch Schweinenschmaltz/das nicht gesaltzen sey/so viel du wilt darunter/thu es in ein irden Geschirr/stelle es in ein Keller/biß du die nachfolgende einsamlest / Magsaamenblätter / Creutzwurtz mit den gelben Blumen/der jungen Schoß von Brombeerstauden/jedes drey Loth/stosse alles wol zusammen/und thus zu dem vorigen Klumpen/laß etliche Tag also erbeitzen/dann setze es auf ein sanfft Kohlfeurlein/laß also alle wässerige Feuchte gemächlich einsieden.)

Wann jemand in hitzigen Fiebern nicht schlaffen kan/soll man nehmen der Lattwergen/Requies Nicolai genennt/und diese Salb mit einander vermischen/auf ein Tüchlein streichen/und auf die Schläff legen.
Diese Salb auf den Nabel geschmieret/soll schwitzen machen.

Zürgelbaum

9. - 18. Februar und 14. - 23. August

Zirgelbaum / Nesselbaum / Franzosenholtz / Bonenbaum / Celtis / Pseudolotus / Micocoulier / Jialiam wood of life / Guaiacanam

"Zürgelbaum o Zürgelbaum, du hast schon viele gespeiset."

ALTES VOLKSLIED

Der Zürgelbaum - die Zuversicht

Der Zürgelbaum ist ein mächtiger, hochgewachsener Baum von seltener, rassiger Schönheit. Er versteht es ausgezeichnet, sich allen Lebenslagen anzupassen - obwohl er für sich eigentlich den höchsten Komfort ersehnt.
Der Zürgelbaum erfreut sich einer ausgesprochenen guten Gesundheit. Er ist nicht gerade schüchtern und neigt leicht dazu, auf die anderen etwas von oben herab zu sehen. Selbstsicher und entschlossen, manchmal ungeduldig und reizbar, möchte er seine Mitmenschen immer beeindrucken; bei seinem Fleiß und seinen vielfältigen Begabungen, besonders auf musikalischem Gebiet, fällt ihm das auch nicht schwer. Er wird immer an sich glauben und Rückschläge können ihn nicht entmutigen. Die einmal gesteckten Ziele werden immer erreicht - selbst auf der Gefühlsebene. Sein Partner findet in dem gesunden Optimismus des Zürgelbaumes eine feste Stütze und bettet sich gerne im Schatten seiner Energie. Er ist jedoch schwer zufriedenzustellen, sehr wählerisch und wartet eigentlich das ganze Leben auf die eine große Liebe. Im Beruf und bei der Arbeit beweist er Führungsqualitäten und kann rasche Entscheidungen treffen.
Trotz seiner Sehnsucht nach Abenteuern, für die er wie geschaffen scheint, führt er meist ein normales, wenn auch bewegtes Berufsleben.

2
1
3
4

Der Zürgelbaum

Dieser geheimnisvolle Baum, dessen Herkunft im mythischen Dunkel liegt, wächst hauptsächlich in Frankreich, an den Küsten der Mittelmeeranrainerstaaten, Istrien und Tirol, auf den Azoren und den Kanarischen Inseln. In Spanien wird er zur Befestigung von terrassierten Gärten verwendet und zur Stütze der Weinreben. In unseren Breiten findet er fast nur als Baum in Parkanlagen Verwendung.
Der lateinische Name Celits weist deutlich auf seine Herkunft hin und er war natürlich auch den gallischen Druiden wohlbekannt. Wegen der Bekömmlichkeit seiner gelbroten bis schwarzen Früchte spielte er von altersher in der Volksmedizin eine wichtige Rolle. Die kirsch- oder bohnenähnlichen Früchte (daher auch der alte Name Bonenbaum) heißen noch heute in der Umgebung von Tramin (Tirol) Zirgel oder Zürgle. Aus ihnen wird je nach Art und Wachstum ein sehr schmackhafter Frucht-essig sowie trockene und süße Weine gewonnen.
Auf Grund der besonderen Bekömmlichkeit sollen die Völker, die sich von den Früchten des Zürgelbaums er-nähren, kaum Magen- und Darmerkrankungen kennen und die Kelten der britannischen Inseln gaben diesem Baum den schönen Namen: "Jialiam wood of Life". Auch in den alten Sagen spielen der Zürgelbaum und seine Früchte eine wichtige Rolle. So sollen die Gefährten des Odysseus bei den Lotophagen oder Lotusessern nach dem Genuss der Früchte Heimat und Freunde vergessen haben, so daß Odysseus sie zur Rückkehr zwingen mußte. Von dieser Sage leitet sich auch die mittelalterliche Bezeichnung Lotus oder Pseudolotus für den Zürgelbaum ab. Und der Feldherr Ophelli soll sein Heer beim Sturm auf Karthago monatelang, mangels anderer Speisen, von den Früchten in den ausgedehnten Zürgelbaumhainen ernährt haben.
Es gibt ungefähr sechzig verschiedene Arten des Zürgelbaums, er wird sehr hoch und sein Holz zeichnet sich durch besondere Härte aus. Deswegen war es auch bei Stell- und Werkzeugmachern zur Herstellung von Deichseln, Rädern, Speichen, Peitschenstie-

len usw. sehr beliebt. Man nannte es deshalb auch Franzosenholz oder Triester Holz. Aus dem Herz- und Kernholz wurden Türangeln und Holzfiguren geschnitzt, weil dieses Holz nicht spliss und riss. In anderen Gegenden schnitzte man aus den Zweigen Pfeifen und selbst die Wurzeln wurden zur Herstellung von Messerstielen verwendet. Aus den Samen des Zürgelbaumes kann man ein sehr fetthaltiges Öl gewinnen.

Natur/Krafft/ond Wirckung

Der Zürgelbaum zeucht zusammen mit einer subtilen Substantz/ond trucknet.

In Leib

Als viel sein Brauch in der Artzney belangt (sagt Dioscorides) daß die Frucht/sonderlich ehe dann sie gar zeitig wirdt/den Bauch stöpffe. Ein decoction von den abgefeylten Spänen dieses Holtzes getruncken/oder mit einem Clystier eyngegossen/ist gut wider die obrige Weiberflüsse/stopfft den Bauch un die rote Ruhr.

Aussen

Mit gemeldter Brühe das Haupt gezwaget/ferbt das Haar rot/und leßt es nicht außfallen.
Die zeitigen Beer braucht man zum Vogelstellen/und Weydwerck.

Kiefer

19. - 28. Februar und 24. August - 2. September

Kynbaum / Kyfferholtz / Viechtannenbaum / Hartzbaum / Feuren / Forenholtz / Pinus / Pynappelboom / Pin / Pine / Zirbelbaum / Welscher Than / Fackelbaum / Föhre / Forche / Mädelbaum

"Den Winden trotzend hält sie ihre Zweige entgegen bewegt im Atem der Winde ihre Wipfel wie Arme, die dir zuwinken."

ALEKE THUJA

Die Kiefer - wählerisches Wesen

Die Kiefer ist sich ihrer Reize bewußt; sie ist sogar etwas in sich selbst verliebt und bewegt sich gern in netter und angenehmer Gesellschaft. Trotz scheinbarer Schwäche ist sie sehr widerstandsfähig und kann mit Widrigkeiten fertig werden. Sie versteht es, sich das Laben so angenehm wie möglich zu gestalten. Es ist nichts Passives an ihr: mutig und unbefangen, findet sie sich überall zurecht und wird immer etwas für sich erreichen. Sie ist ein guter Kamerad und ein richtiger Kumpel, Freundschaft betrachtet sie aber mit Zurückhaltung. Dafür brennt sie in der Liebe schnell in heller Flamme, doch die glühende Leidenschaft verlöscht ebenso schnell wie sie entsteht.

Die Kiefer nimmt an Vielem leicht Anstoß und gibt allzuschnell auf. Deshalb wird sie viele bittere Enttäuschungen erleben, bis sie ihrem Ideal begegnet.

Den entsprechenden Ausgleich findet sie immer in der Arbeit. Sie ist ein ausgezeichneter Organisator und ihre Mitmenschen vertrauen ihr. Praktische Lebensphilosophie und Wagemut sichern ihr schöne Erfolge, solange keine neuen Empfindungen, die sie immer s e h r ernst nimmt, nicht wieder alles zerstören.

Die Kiefer ist ein Zeichen, unter dem besonders die Frauen gedeihen.

Kiefer

Wie zu Quirlen sind die Doppelnadeln der Kiefer an der Zweigspitze gebüschelt. Da überall die braunrote Rinde durch das kräftige Grün durchscheint, ist sie sowohl von der Form als auch von der Farbe her ein sehr dekorativer Baum. Zusammen mit Kirschbaum und Zierahorn gehört sie unbedingt in den japanischen Hausgarten, wo die Gärtner ihre Form durch kunstvolles Beschneiden noch verschönern. Im traditionellen japanischen NO-Theater ist die Kiefer einzige Kulisse. Da sie als Sitz der Götter gilt, werden diese damit aufgefordert, sich hier niederzulassen und dem Schauspiel beizuwohnen. Als Mädchen-Kiefer ist sie beliebtes dekoratives Bonsai-Zwergbäumchen. Ja, dieser Baum hat etwas Mädchenhaftes: Wie ein beschwingtes Kleid breitet sie ihre lichte Krone aus, und einmal im Jahr zur Blütezeit pudert sie sich verschwenderisch mit gelbem Blütenstaub, der vom Wind zu einem schwefelgelben Teppich zu ihren Füßen herabgeblasen wird. Und weil sie so etwas Mädchenhaftes hat, hieß die Kiefer früher in Württemberg 'Mädelbaum'.
Andere Namen von ihr sind Föhre, Forche, Forle, Dale, Thäle, Fackelbaum und Kienbaum nach ihrem Gebrauch als Kienspan und Brennholz. Pinus ist ihr lateinischer Name und deshalb wird sie auch oft Pinie genannt; obwohl, genaugenommen, mit Pinie (pinus pinea) nur die charakteristische Schirmkiefer Spaniens und Italiens bezeichnet wird.
Die Kiefer ist ein bescheidenes Kind, das auch auf kärglischem Sandboden gedeiht. Sie hat ein ähnliches Verbreitungsgebiet wie die Birke, und diese zwei Freundinnen spazieren auch gemeinsam bis zur arktischen Baumgrenze. In den nördlichsten Gebieten schrumpft die Kiefer allerdings zusammen zu Zwergkiefer und Legföhre, die buschartig am Boden kriechen. Neben Möbelholz (Zirbelkiefer) gibt die Kiefer auch gutes Brennholz. Sie ist sehr harzreich, und schon von alters her wird das Kiefernharz vielfach genutzt: Pech, Teer, Lacke, Ölfarben, Terpentin, Kolophonium zum Bestreichen von Geigenbögen und ätherisches Öl.
In der Volksmedizin werden Kiefernprodukte hauptsächlich bei Erkrankungen der Atemwege, ähnlich wie die Tanne, eingesetzt.

Das ätherische Öl, als Latschenkieferöl oder Krummholzöl bekannt, wird zur Inhalation, als Badezusatz und als Bestandteil von Cremes und Massageöls genutzt. Bäder aus Kiefernsprossen und -nadeln ergeben ein Bad, das die Durchblutung fördert und deshalb bei beginnenden Infekten und bei rheumatischen Erkrankungen nützlich ist: 1 kg der jungen, hellgrünen Kieferntriebe werden in 2 - 3 l Wasser etwa 20 Min. gekocht. Man kann auch die Triebe - evtl. mit 1/5 Boraxzusatz - in einem Leinensäckchen in den Strahl des einlaufenden Wassers hängen, dann können die Triebe bis zu 3 x verwendet werden.
Bach gewinnt aus der Blüte der Schottischen Kiefer seine Essenz für den, der innerlich hartnäckig an seiner Schuld festhält, denn sie steht mit der Seelenqualität der Reue und des Verzeihens in Verbindung.

Natur/Krafft/und Wirckung

Von dem Fichtenbaum werden zu Artzneyen gebraucht die Zirbeln / Zirbelnüsse / deß Baums Hartzrinden/Bletter/Kinholz und Ruß.

Krafft der Zirbeln

Die grünen Zirbeln/ehe denn sie Holtzherte werden/zerstossen in süssem Wein gesotten/und täglich acht Lot darvon getruncken/hilfft wider den alten Husten / unnd Schwindrsucht.
Das gebrannt Wasser von diesen Zirbeln tilget auß die Runtzeln im Angesicht/leßt Brüste nicht groß wachsen/so man leine Thüchle darein netzet/onnd offt auff legt. Treibt widerumb hinein die außfallende Mutter/und macht das Gemach enger/damit gewaschen.

Der Zirbelnüsse

Die Zirbelnüsse werden am meisten gebraucht/seynd temperiert/ein wenig zu der Wärme geneigt. Haben auch am Geschmack ein geringe Schärpffe/verhalben sol man sie eynwässern/sänfftigen also desto besser/mit einer sittiglichen zusammenziehung/geben dem Leib gute Nahrung/bekommen wol den Menschen/so stets husten/oder in die Schwindrsucht zufallen sich besorgen. Stercken unnd erwermen die Natur/für die selbst/oder mit Zucker gessen.

Zirbelnüßlen gessen/oder auch mit süssem Wein eyngenommen un darzu gethan geschelte Melaunkernen/bewegen den Harn/stillen das hitzige und tröpfflichte harnen.

Das Oel von Zirbelnüßlen gemacht/ist fast köstlich für den halben Schlag oder Tropffen/die beschädigte Glieder damit warm gesalbet.

Deß Hartzes

Auß allen obgenannten Fichtenbäumen rinnet ein weiß/wolriechend onnd viel nutzbar Hartz/denn es wermet/zertheilt/trucknet/reiniget die Geschwüre unnd Wunden/so man es zu den Pflastern mischet.

Der Rinden

Aller Fichtenbäumde Rinden zeucht zusammen. Solche Rinden zu Pulver gestossen/un eyngestrewet/heylet den gegangenen Wolff am Hintern/die Geschwüre außwendig auff der Haut/auch die gebrennte Schäden/sonderlich/so diefe Rinde mit Silberglette ond Weyrauch vermischt wirt.

Die Rinde mit Schuchmacherschwertze/Calchantum genannt / vermengt/und angestrichen/heylet die Schäden/so umb sich fressen.

So man die Rinde anzündet / ond den Dampff in die Schoß leßt fahren/fördert sie die Frucht ond das Bürdle.

Diese Rinde gesotten/und getruncken/stellet den Stulgang / onnd fördert den Harn..

Der Bletter

Die Bletter von Fichtenbaum gestossen/on auffgelegt/sänfftigen die hitzige Geschwulst / sonderlich in den verwundten Gliedern.

Das Laub in essig gesotten/ond dasselbig also warm im Mund gehalten/stillet das Zanwehe.

Deß Kinholzes

Feist Rinholz klein zerschnitten/in Essig oder mit Roßmarin in einem roten Wein gesotten/ond mit der Brüh den Mund außgeschwenckt/ist ein gute Haußartzney zu den wühtenden Zänen/sonderlich/wo solchs von kalten Flüssen herkommet.

Die Spän von der Fichten mit Rosenwasser angefeucht/ond distilliert/davon gesamlet ein feister Safft/etwas Oelicht/gar wolriechendt/wirt in Italia gemeiniglich Aqua Caphurae genannt.

Deß Ruß

Auß gebrantem Kin samlet man Ruß/der dienet zu den rinnenden Augen/in die Winckel gestrewet. Auff gluende Kole geworffen/den Rauch in Hintern gelassen/hilfft denen/welche zum Stulgang offt gereitzt werden/ond doch nichts verbringen können.

Weide

1. - 10. März und 3. - 12. September

Felbinger / Weidenbaum / Wilgenbaum / Welge / Felber / Willow / Saule / Salix

"Verbrenne nicht die Weide, einen den Dichtern heiligen Baum"
SONG OF THE FOREST TREES

Die Weide - die Melancholie

Dieser Baum ist schön, doch voller Wehmut. Die weibliche Weide ist von unbestreitbarer Anmut und die männliche findet beim anderen Geschlecht viel Anerkennung. Sie ist ausgesprochen einfühlsam in der Liebe und auch gegenüber allen anderen Mitmenschen.
Die Weide ist künstlerisch veranlagt und liebt das Schöne in jeder Gestalt. Sie träumt von einem schönen Heim, von schönen Kleidern und von Schmuck. Es zieht sie hinaus in die Welt, auf Ausflüge und Reisen; gleichzeitig hängt sie aber auch an Haus und Familie.
Zwei Seelen wohnen in ihrer Brust: Eine ist verträumt und gefühlvoll, die andere voller Unruhe und wechselhaft. Ansonsten ist sie rechtschaffen und ehrlich, und wenn es sein muß, wählt sie den schwierigeren Weg. Sie läßt sich von nahestehenden Personen gerne beeinflussen, ist aber trotzdem kein leichter Lebenspartner. Sie kann kapriziös sein, anspruchsvoll und immer abhängig von Stimmungen, bis hin zur Hysterie. Die Weide besitzt die Fähigkeit, durch ihr Einfühlungsvermögen und ihre Intuition manche Ereignisse vorauszuahnen. Dadurch setzt sie ihre Umgebung immer wieder in Erstaunen.
In der Liebe leidet sie oft, aber manchmal findet sie in der Partnerschaft den ersehnten Hafen. Dann jedoch fühlt sie sich insgeheim oft unverstanden und zu gering geschätzt.

Die Weide

Die Weide ist ein Hexenbaum - und wie die Hexe hat sie zwei Gesichter.

'Weide, silbern Angesicht,
weil ich dich von weitem sehe
leidet's mich und hält mich nicht
bis ich grüßend vor dir stehe..."

so besingt Rudolf Alexander Schröder das helle Frühlingsgesicht der Weide; Günther Eich dagegen ihr düsteres:

'Die Weiden; verwachsene Weiber,
gebeugt mit zottigem Kopf,
zerlumpt sind ihre Röcke,
die Läuse nisten im Kopf...'

Die Weide ist der Baum, der dem Wasser am nächsten steht und damit auch dem Mond. So ist sie in vielen Kulturen der Mondgöttin geweiht, deren zwei Aspekte, fruchtbarer Neubeginn und trauriges Todesdunkel, in der Weide offenbar sind.

Der Hexenbesen als magisches Gerät der Hexe enthielt um den Eschenstiel gebunden Haselruten als Wunschreiser und Weidenzweige vom Baum der Mondgöttin als Symbol der Macht. Wurde der Hexenbesen zerbrochen, so war auch die Macht der Hexe dahin: Sie verlor die Kraft zu zaubern und zu verhexen, und sie konnte durch Ertränken getötet werden.

Wir unterscheiden Frühlingsweiden und Sommerweiden. Die Sommerweiden blühen erst

bei oder nach Austreiben der Blätter; zu ihr gehören u. a. die Silberweide und ihre nahe Verwandte, die Trauerweide. Die noch eher blühenden Weiden nennt man Frühlingsweiden; zu ihnen gehört die Korbweide, die, wie der Name schon sagt, zum Flechten von Korbwaren geeignet ist; die durch häufiges Abschneiden der Triebe entstandene Wuchsform der Korbweide nennt man 'Kopfweide'.
Die Weide hat ein enormes Ausschlagvermögen und deshalb gebraucht man Weidenzweige zur Befestigung von Dämmen, als grünen Zaun und zur Beet-einfassung.
Der helle Aspekt der Weide zeigt sich in ihrer Erneuerungskraft und frühen Blüte - sie blüht als erster Baum im Frühjahr und ist dann eine echte 'Bienen-Weide'; ihr dunkler Aspekt zeigt sich besonders in ihren Wuchsformen als Kopfweide und als Trauerweide. Die Trauerweide, deren Zweige wie rinnende Tränenströme scheinen, wird von Keller in seinem Gedicht von der Trauerweide so besungen:

'... Die Trauerweide umhüllt mich dicht,
Rings fließt ihr Haar aufs Gelände,
Verstrickt mir die Füße mit Kettengewicht
Und bindet mir Arme und Hände...'

Doch schon kehrt sich der Ausdruck des Leides, denn was für die Großen Melancholie symbolisiert, das ist für die Kleinen schützende Hülle und fröhliches Baumzelt, das sie bewohnen und beleben können.
Da die Weide empfindlich auf Wasserströmungen und andere geopathogene Zonen reagiert, schneidet der Rutengänger aus einer Weidengabel seine Rute, um mit ihr nach gestörten Zonen und besonders nach Wasser zu fahnden.
Bach fand in der Blüte der gelben Weide sein Mittel gegen inneren Groll und Verbitterung, die das Gefühl hervorrufen ein 'Opfer des Schicksals' zu sein. Positiv steht sie im Zusammenhang mit der Seelenqualität der Eigenverantwortlichkeit und des konstruktiven Denkens.

Die jungen, etwas säuerlichen Weidenblätter können als Salat verspeist werden.
In der Volksmedizin werden hauptsächlich Silberweide, Trauerweide und Korbweide bei Rheuma eingesetzt, und zwar insbesondere die Rinde, aber auch die Blätter (Sammmelzeit für beides am besten im April). In den feuchten Niederungen, in denen leicht ein akuter Rheuma-Anfall ausgelöst wird, findet man also das in der Volksmedizin schon immer dafür gebräuchliche Heilmittel. Bereits 1898 wurde das den Weidenrinden-Inhaltsstoffen nachempfundene 'Aspirin', von Hoffmann entwickelt, bei Bayer synthetisiert; es war das erste Chemotherapeutikum. Erst jüngst machte man einen weiteren Schritt in der Erforschung der Weiden-Inhaltsstoffe: Man fand in ihrer Rinde das 'Salizyl', welches jetzt auch als synthetisch hergestelltes Mittel in der schulmedizinischen Chemotherapie gegen Rheuma eingesetzt wird.
Innerliche Anwendung:
2 - 3 Eßl. zerkleinerte Rinde in 1 l Wasser 8 - 12 Std. ansetzen, die Menge leicht angewärmt tagsüber schluckweise trinken; dieser Tee oder Kaltwasserauszug hilft dem Körper, Giftstoffe auszuscheiden.
Äußerlich angewandt, wird die doppelte Menge Rinde genommen; dieser Auszug hilft bei Rheuma, Weißfluß, Mund- und Halsentzündungen, schlecht heilenden Wunden, Schweißhänden und -füßen als Bad, Umschlag oder Gurgelwasser.

Natur/Krafft/ond Wirckung

Die Bletter ond Blumen trucknen/ond ziehen mittelmässig zusammen. Doch ist seine Rinde noch truckner.

In Leib

So man die Bletter zerstößt/mit einem wenig Pfeffer vermenget/onnd trinckt/sind sie gut denen/so wehtagen der öbern ond subtielen Därm leiden.
Die bletter mit kaltem Wasser getruncken/wehren/daß die Weiber nit schwanger werden.

Der Same mit Wegrichtwasser getruncken/hilfft denen/welche Blutaußwerffen. Gleiche Wirckung ond Krafft hat auch die Rinde/zu Pulver gestossen/onnd getruncken.

Die Bletter gesotten ond getruncken/vertreiben den Lust onnd neigung zur Unkeuschheit.

Aussen

Die Rinde zu Aschen gebrennt/in Essig gebeitzt/onnd obergelegt/vertreibet die Wartzen/und Hüneraugen.

Der Safft von Weidenblettern/oder von der Rinde/mit Rosenöl in einer Granatäpffelschalen gewermet/onnd in die Ohren gethan/stillet den Wehtagen derselbigen.

Die Bletter ond rinden in Wasser gesotten/sind gut wider das Podagra oder Zipperle/so man sich darob bähet.

Gedacht Wasser vertreibet die Schuppen auff dem Haupt.

Der Safft auß der Rinden gesamlet/dieweil die Weiden noch blühen/ond in die Augen getropfft/macht die lauter/ond das Angesicht schön/darmit bestrichen.

Wer grosse Hitz hett/der neme Weidenbletter/strewe die omb sich/sie kühlen fast in heisser zeit.

Man mischet auch Weidenbletter zu andern Kreuttern/darauß man pflegt Fußbäder zubereiten/sonderlich in den hitzenden Fiebern.

Man macht auch auß den Weidengerten Zungenschaber zu der Breune/welchs nit ein besondere Kranckheit für sich selbst ist/wie etliche Balbierer meynen/ond die gantze curam auff das Zungenschaben stellen. Es ist wol recht/daß man die Zunge mit Schaben onnd gurgeln rein halte/aber mit dem allein ist es nicht außgericht / man muß auch den Leib innerlich versorgen/dann die breune ist nichts anders/dann ein folge oder zufall zu onnd mit den innerlichen hitzigen Fiebern/darvon die Zunge dürt / braunt/oder schwartz wirt/wie man sihet an den Backöfen / daß der Ofenmund schwartz wirdt/von wegen innerlicher Flammen.

Linde

11. - 20. März und 13. - 22. September

Lindenbaum / Bastholz / Tilia / Tilleul / Lime-Tree

"Drei Laub auf einer Linden blühen also wohl, ja wohl."

ALTE VOLKSBALLADE

DK

Die Linde - der Zweifel

Je älter sie wird, um so mehr erfreut sich die Linde des Wohlwollens und der Aufmerksamkeit von Verwandten und Freunden. Ruhig und gelassen nimmt sie an, was das Leben ihr bringt. Mühe, Kampf und Hetze sind ihre Feinde, da ihr Charakter leicht träge, zur Bequemlichkeit neigend, sanft und nachgiebig ist. Dauernd träumt sie von einem Leben in Wohlstand, von Zielen, die sie nicht erreichen kann. Das ist auch der Grund, warum sie oft mit ihrem Schicksal hadert, unzufrieden ist oder gar jammert und klagt. Trotzdem ist das Leben mit ihr leicht und angenehm, denn die Linde ist gut und aufopferungsbereit für alle, die ihr nahestehen. Sie ist intelligent und vielseitig begabt; doch kommen ihre Fähigkeiten meist nicht voll zur Entfaltung, da es ihr an der notwendigen Ausdauer fehlt.

Manche Linden kommen in ihrer klagenden Einstellung sogar bis zu einer gewissen Wunderlichkeit; andere schließen sich fest und voll Ergebenheit an andere Menschen an, wenn sie in ihnen eine verwandte Seele vermuten. In der Liebe findet sie allerdings selten das erträumte Glück.

Vorsicht: die Linde ist sehr eifersüchtig!

Linde

Als germanischer Friedensbaum war die Linde der Göttin Freya geweiht, der mütterlichen Beschützerin des Lebens und der Liebe. Als Thingbaum schützte sie vor Unrecht und diente bis weit in die Neuzeit hinein als Gerichts- und Richtbaum; hier wurde durch Schiedsspruch der Streit zum Frieden ge-lind-ert.
Die Dorflinde förderte das friedliche Zusammensein des Menschen, indem sie öffentlicher Mittelpunkt des geselligen Lebens war; mehr als 500 Ortsnamen stehen mit der Linde in Beziehung. Als Beschützerin der jungen Liebe wird sie bereits von Walther von der Vogelweide besungen, und manches Liebespaar hat als Zeichen der Verbundenheit ein Herz in ihre Rinde geschnitten. Es scheint, daß die Linde dort am besten gedeiht, wo sie in Gemeinschaft mit den Menschen lebt und von ihnen gepflegt wird. Dann kann sie bis zu 1000 Jahre alt und bei einem Stammesumfang von 10 m bis zu 40 m hoch werden. Zum Glück für die Linde bekam ihre heidnische Bedeutung ein christliches Kleid übergestreift, und als Baum Marias darf sie weiterhin Leben und Liebe schützen. Alles an ihr ist herzlich und süß, besonders zur Blütezeit. Wenn die Bienen in der duftenden Lindenkrone ihre Tracht sammeln und sie zur Bereitung des lieblichen Lindenhonigs in den Bau tragen, dann beginnt der Sommer.
Forstwirtschaftlich hat die Linde kaum Bedeutung. Sie steht in Mischwäldern und Parkanlagen und wird auch manchmal als Alleebaum gepflanzt, obwohl sie da etwas anfällig gegen Krankheiten und verschmutzte Luft ist. Ihr Holz ist weich und eignet sich kaum zum Bauen, für Geräte und als Brennholz. Jedoch als Schnitzholz ist es vortrefflich, und deshalb schufen Riemenschneider und Veit Stoß ihre Holzbildnisse aus diesem 'Lignum sanctum'. Von den beiden Lindenarten Sommerlinde und Winterlinde treibt die Sommerlinde, die klassische Dorflinde, etwas früher und wird auch größer und älter; von der Winterlinde wurde früher der Lindenbast gewonnen: Im Mai wurde die Rinde abgetrennt und ihre weiche Innenseite gewässert. Aus Lindenbast wurden in früheren Kulturen Matten, Decken, Seile, ja sogar

Kleider hergestellt.
In der Volksmedizin wurde ehemals hauptsächlich die Rinde gegen Augenkrankheiten verwendet; Lindenrindenabsud eignet sich auch zu Kompressen bei Brandwunden; heute gebraucht man von der Linde bevorzugt Lindenblüten als Tee bei Erkältungskrankheiten. Er wirkt schweißtreibend und leicht abführend, harntreibend, krampfstillend und beruhigend. Der Tee taugt vorzüglich zu Schwitzkuren, sollte jedoch nicht über einen längeren Zeitraum hinweg getrunken werden.
Lindenblüten und -blätter eignen sich für beruhigende Vollbäder und zu Augenkompressen. Lindenholzkohle bindet Giftstoffe und wird innerlich bei Darminfektionen genommen (sie stopft etwas) und äußerlich auf Wunden, Brandwunden und Entzündungen aufgestreut und ist auch Bestandteil von Zahnpulver: 1 Teil Lindenholzkohle + 1 Teil getrocknete Birkenblätter feinzerstoßen auf die Zahnbürste geben und gut einmassieren.

Von der Natur/Krafft und Eigenschafft des Lindenbaums

Die Blumen des Lindenbaums sollen warmer und trockner Natur seyn/und einer subtilen Substantz. Aber die Blätter und Rinden / haben eine Art zu trucknen / und zurück zu treiben / wie Dodonaeus vermeldet.

Innerlicher Gebrauch

Die Blätter von Lindenbaum in Wein gesotten und darvon getruncken/ist gut wider das Bauchgrimmen (treiben den Harn und der Frauenzeit).
Dodonaeus schreibt/daß die Blumen von etlichen hoch gerühmet werden/wider die Fallsucht/Schwindel/und andere Schwachheiten des Haubts/so von Kälte ihren Urspung haben.
D. Camerarius sagt/daß die Kornlein mit Eßig zerflossen/und in die Nasen gethan/das Blut gewaltig stillen/welches sie auch thun sollen/so man derselbigen viel einschlecket.
(Diese Körnlein oder Pillulein zu rechter Zeit gesamlet und zu Pulver gemacht, werden gelobet in der Ruhr und Bauchflüssen.
Lindenholtz zu Kohlen gebrandt/mit Eßig wieder abgelöschet/und mit zerstossen Krebsaugen eingeben/treibt aus das gerunnen Blut denen/so schwärlich gefallen sind/und Blutspeyen. Etliche vermischen das gebrandt Lindenblühtasser mit Körbelwasser.)

Eusserlicher Gebrauch

Die blätter in Wasser gesotten/und den Mund damit ausgespület/heilen die Blattern im Mund/(und den jungen Kindern die Mundfaule.)

Auf gleiche Weiß gesotten/und übergelegt/sollen sie die Geschwülst der Füsse hinderschlagen/und zurück treiben.

Die innerste Rinde in Wasser gelegt/gibt einen zähen Schleim/welcher den Brand überaus sehr heilet/wann man ihn darüber streichet.

(Diese Rinde mit Eßig gesotten/damit die Rund/und böse Geschwär gewaschen / heilet dieselbige.

Die Rinden zerkauet/und auf frische Wunden gestrichen/hefftet sie zusammen.

Von Lindenblühtwasser

Das Wasser aus dem Blühet gebrennt/wird hoch gerühmet wider die Fallensucht der jungen Kinder: Will man aber diesen Tranck etwas stärcker haben/soll man ein Drittheil Päonienwasser dazu vermischen.

Es wird auch sonst gebraucht wider den Schlag/den Schwindel und andere kalte Gebresten des Hirns.

Wen der Schlag getroffen hat/der nimm Lindenblühetwasser/Mayenblumenwasser/und schwartz Kirschenwasser/vermische sie durch einander/und trincke jederzeit ein Untz davon.

Dieses Wasser getruncken/ist gut den versehrten Därmen/von der rothen Ruhr / (wird von etlichen auch für das Bauchgrimmen geben.

Das Wasser von Lindenblüht vertilget die Flecken im Angesicht.

Von dem Safft

Der Safft/so aus dem Marck fleußt/wann man den Baum stümpelt / getruncken / treibet aus den reißenden Stein.

Der Safft tilget aus die Flecken im Angesicht. Auf das Haupt geschmieret/macht das ausgefallene Haar wider wachsen.

Warm aufgestrichen/zertreibt die Geschwulst.

Der Safft von den frischen Blättern wol außgetruckt mit Wein/und die Glieder warm damit gestrichen/ist gut für den Krampff.)

Haselnuß

22. - 31. März und 24. September - 3. Oktober

Haselbaum / Hagennuss / Hasel / Lämmerschwanz / Märzennudel / Coryllus / Noisetier / Hazeltree

"Haselnussgesträuch, im Herbst durchwogt von Nüssesuchern, grünt in einer Kesselschlucht der grauen Düne."

ALFRED TENNYSON

Die Haselnuß - das Außergewöhnliche

Die Haselnuß ist eher unauffällig als eindrucksvoll, doch übt sie immer einen eigentümlichen Einfluß auf ihre Umgebung aus. Ihre Genügsamkeit und ihr persönlicher Charme helfen ihr, die sich selbst gesteckten Ziele zu erreichen. Sie ist sehr verständnisvoll, und wenn sie Wert darauf legt, kann sie sehr gut die Menschen für sich gewinnen. Sie versteht es, immer Eindruck zu machen! Ihre große Mitmenschlichkeit - sie ist oft eine aktive Kämpferin, meist für das Gemeinwohl, weniger für sich und ihre Familie - bringt ihr die Popularität und Wertschätzung, die sie mag. In der Liebe ist sie manchmal launisch, aber trotzdem ein ehrlicher und toleranter Partner. Ihre Haupteigenschaften sind große Intelligenz, Intuition und scharfe Urteilskraft. Die Haselnüsse haben meist ein ungewöhnliches, aber oft kein leichtes Leben.

Haselnuß

Die heimische Haselnuß ist meist ein 3 - 5 m hoher Strauch, selten nur ein Baum; sie wächst in Hainen, Hecken, als Unterholz und wird auch oft in Gärten angepflanzt.
Früher wurden die schlanken und sehr biegsamen Haselruten zum Dachdecken verwendet, heute selten noch zum Flechten.
Die Nuß wird im September und Oktober gesammelt und ist zunächst noch weiß und saftig. Sie ist Bestandteil vieler Gerichte und Backwaren. Da sie uns wertvolles Eiweiß liefert, ist es jedoch besser, sie roh zu verzehren, also in Müslis, Energiebällchen oder im Studentenfutter.
Die Haselrute ist das Instrument der Rutengänger, mit dem sie nach Erz suchen und somit auch der Wunschbaum des deutschen Märchens, bekannt insbesondere durch das Märchen 'Aschenputtel'.
Die unterdrückte Tochter wünscht sich vom Vater als Mitbringsel einen Haselreis, den sie auf dem Grab der Mutter pflanzt und mit ihren Tränen netzt. Er wächst alsbald zu einem schönen Baum heran und Aschenputtel kommt jeden Tag, um am Grab der Mutter zu weinen und zu beten. Da kommt ein weißes Vögelein und erfüllt ihr jeden Wunsch. Als Aschenputtel zum Ball gehen will, bittet sie den Baum: 'Bäumchen rüttel dich und schüttel dich, wirf Gold und Silber über mich!' und alsbald warf ihr das Täubchen ein Kleid und Schuhe herab.
Also: Das Mädchen bittet den Baum, jedoch kommt das Vöglein angeflogen und hilft ihr. Ist die Taube nun die Seele des Baumes - oder die der Mutter? Vielleicht beides, denn als Aschenputtel mit dem Prinzen davonreitet, sind es auf einmal zwei Täubchen, die vom Haselbaum herabkommen und sie begleiten.
Es gibt ja eine ganze Hierarchie seelischer und geistiger Wesenheiten, die in Beziehung zum Baum stehen:
Da ist zuunterst das unstoffliche Doppel des Leiblichen. In diesem Bauplan entwickelt sich die Pflanze und gemeinsam vergehen sie (Hamadryade). Die Seele des Baumes, der Baumelf (Dryade), ist manchmal für eine Gruppe zuständig, oft aber auch

nur für einen einzigen besonderen Baum. Die 'Gattungs-Seele', von der Findhorn-Gemeinde 'Deva' genannt, ist für die ganze Art zuständig. Und dann kann sich auch ein höheres geistiges Wesen den Baum als Sitz oder Wohnstatt erwählen, wodurch er dann heilig wird.
Nach dem keltischen Baumalphabet nach Graves steht der Haselstrauch an 9. Stelle; erst im 9. Jahr trägt er Frucht. Haselstrauch und die Zahl 'Neun' gehören zur großen Gottheit der Kelten, der 'Weißen Göttin'. Diese Göttin hat drei Ausformungen: Die jugendlich Tätige, die Mutter, die Todesgöttin. Dreimal die heilige Zahl Drei ergibt Neun, die damit die Zahl der Vollkommenheit und Weisheit ist: 9 Priesterinnen hatte die Weiße Göttin; 9 Musen personifizierten bei den Griechen die Gesamtheit der menschlichen Künste und Wissenschaften und 9 Engelchöre singen von der Herrlichkeit Gottes.

Natur/Krafft/und Wirckung

Die Haselnüsse sind mässig warm ond trucken/haben mehr irrdischer Natur/denn die Welschen nüsse/derhalben ziehen sie mehr zusammen. Sind auch derber/geben derhalben bessere Narung / doch nicht so gut wie die Mandlen.

In Leib

So man der Haselnüsse viel isset/beschweren sie den Magen/bringen das Hauptwehe/ond solchs thun die dürren mehr dann die frischen/wiewol auch die frischen / so sie nicht vol zeitig sind/die rote Ruhr bringen/das sihet man im Augstmonat wol/wann das junge Gesinde Haselnüsse isset/daß es gar offt in die rote Ruhr fallet.
Wolzeitige gedörrte Haselnüsse gestossen/onnd mit Honigwasser getruncken/miltern ond benemmen den täglichen stettigen Husten.
Gebraten Haselnüsse mit einem wenig Pfeffer genützt/zeitigen den Haupt=fluß/so auff die Brust gedrenglich thut fallen mit schwerem husten.
Die Schalen verdörrt/zu Pulver gestossen/ond in sawrem Wein getruncken / stellen den Durchlauff/onnd den onnatürlichen Fluß der Weiber / den man nennet das weisse.
Gute zeitige Haselnüsse in der Speise mässig genützt/machen feyst/man sol aber das rote Häutlin abstreiffen.
Haselnüß gestossen / klein Rosinle daronter gemischt / ond gessen / ist gut der bö-

sen Lebern ond Lungen.
Die Milsch auß den Haselnüssen / sonderlich die man Zellernüß nennet / ond im Landt zu Francken omb Würtzburg viel wachsen/ist fürnemlich gut wider den Grieß und schneidenden Harn.

Aussen

Haselnüsse zu Aschen gebrendt/darauß ein Salb gemacht mit Beerenschmaltz / ond angestrichen/macht an statt deß außfallenden Haars widerumb anders wachsen.
Etliche sprechen/daß die Schalen oder Rinden der Haselnuß gebrendt/ond darnach klein gestossen/mit Oel vermischt / ond darmit den Kindern das Haupt fornen gesalbet/macht derselben Kinder gelbe Augöpffel schwartz.
Die Bawren haben das war genommen/so man die Schlangen mit Haselgerten schlegt/müssen sie bald erstarren ond sterben/diß sol niemand verwundern/dieweil die Nüsse mit Feigen on Rauten vermischt dem Gifft widerstreben/wie oben onter den Welschen nüssen gemeldet.

Haselnüßwassser

Die Haselnüß um Sanct Johannis Tag genossen und gebrandt. Hände und Arm Abends und Morgens mit diesem Wasser bestrichen/und selbst trocken lassen werden/ist für die Rände und zittern der Hände.

Eberesche

1. - 10. April und 4. - 13. Oktober

Vogelbeerbaum / Ebisch / Sperwerbaum / Speyerling / Aschekirsche / Sorbus / Mountain-Ashe / Sorbier / Quickbaum / Sorbenboom / Krametsbeerbaum / Stinkholz / Moosesche / Wielesche / Gimbelbeere / Rowan

"Eberesche, Wonne der Augen, nämlich Luisiu, Flamme."
MORAN MAC MAIN: BOOK OF BALLYMOTE

Die Eberesche - das Feingefühl

Die scheinbare Zartheit der Eberesche trügt, sie ist stark, ausdauernd und stellt sich den Schicksalsschlägen und Stürmen des Lebens aufrecht entgegen. Obwohl man auf ihrem Gesicht öfter Lächeln als Tränen findet, erleidet sie jeden Kummer - fremden oder eigenen - tief und intensiv. Aber das ist eben das Wesen der Eberesche: voller Liebreiz, heiter und von der Natur reich beschenkt. Zwar ist sie ohne Egoismus, aber doch stets bemüht, nicht nur die Blicke auf sich zu ziehen, sondern auch viele Angelegenheiten in ihre Regie zu nehmen. Sie liebt das Leben, die Bewegung, die Unruhe und sogar Komplikationen - sie ist abhängig und unabhängig zugleich! Manchmal kompliziert sie auch das eigene Leben durch unnötiges Abwägen und Analysieren. Ihr guter Geschmack und ihr Einfühlungsvermögen machen sie für künstlerische Berufe geeignet, aber auch in anderen Bereichen kann sie viel erreichen.

In der Liebe reagiert sie überraschend, ungestüm, leidenschaftlich und gefühlvoll. Dennoch fühlst sie sich oft unbefriedigt und wechselt die Partner. Sie ist ein guter Gesellschafter, aber Fehler vergibt sie nie und meistens ist sie es, die eine Beziehung aufgibt. Aufgrund ihrer Sensibilität könnte sie manches vorausahnen, wenn sie nur daran glauben würde.

Eberesche

"Wenn ich ein Stückchen Land besäße, ich würde mir ein kleines Wäldchen von Ebereschen pflanzen. Ein einziger der glühenden Bäume könnte schon das Glück eines Spätsommers ausmachen und verklären. Ja, die Eberesche leuchtet in den Dezember hinein, täglich etwas dunkler werdend und zweighängerischer. Bis die letzte Koralle an der Dolde wartet auf die Schwarzdrossel, die sie aufpickt."
So bekennt sich Else Lasker-Schüler in ihrer Erzählung 'Die Eberesche' zu dieser Pflanze.
Die Eberesche ist ein Strauch oder ein kleiner Baum mit hohem Stamm und rundlicher Krone, dessen Holz von den Drehern und Bildschnitzern geschätzt wird. Das ganze Jahr hindurch erfreut die Eberesche, zuerst mit zartem Blattgrün ähnlich dem Eschenlaub, von dem sie ja ihren Namen erhielt; später mit weißen Blütendolden; im Herbst mit braunroten Blättern und gelb bis scharlachroten Früchten. Im Druidischen Baumalphabet nach Graves ist die Eberesche der 2. Baum. Sie stand in enger Beziehung zum Orakel und zu den Sehern - wie auch in unserem Baumhoroskop; Orakelstätten wurden oft mit ihr umsäumt: Sie schützt vor Unheil und Zauber. Auch bei den Germanen war sie ein heiliger Baum, sie galt als glückbringend.
Aber wie viele vorchristliche heilige Symbole wurde auch die Eberesche ins Böse umgedeutet, bekam etwas Hexenhaftes; bereits in ihrem Namen als 'falsche Esche' (Eber=Aber=Falsch) zeigt sich Zwielichtiges. Ihr anderer Name ist Vogelbeere, denn sie ist beliebtes Vogelfutter und war früher Lockfutter beim Vogelfang. Die Beeren sind auch für die Menschen genießbar - vor Überdosierung wird jedoch gewarnt. Auch Schafe und Federvieh mögen sie. In den kirschkerngroßen Früchten ist Apfelsäure enthalten, so daß man aus ihnen auch Branntwein und Essig herstellen kann. Sie enthalten reichlich Vitamin C, aber auch Spuren von Blausäure, die jedoch beim Kochen inaktiviert wird. Die ganzen, sehr reifen Rispen werden von September bis November geerntet (nach dem ersten Frost sind sie milder), evtl. gewaschen,

mit der Gabel abgestreift und entweder getrocknet oder weiterverarbeitet - wobei sie milder werden, wenn sie eine Nacht in mildes Essigwasser gelegt werden.

Kaltauszug:
1 Teel. Beeren auf 1 Tasse Wasser 8 - 10 Std. ziehen lassen, tagsüber schluckweise trinken; er wirkt harntreibend, mild abführend und ist günstig bei Ausscheidungskrankheiten.
Dicksaft:
Der aus den zerquetschten Beeren ausgepreßte Saft wird mit gleichviel Zucker oder Honig eingekocht - kurze Kochzeit erhält die Vitamine; Tagesdosis 3 - 5 Teelöffel. Dicksaft hilft bei Rheuma, Gicht, Erkältungskrankheiten und dient als Blutreinigungsmittel.

Gelee:
Beeren und gleiche Menge Äpfel in wenig Wasser ansetzen, weichkochen und zerstampfen; über Nacht durch ein Tuch abseihen und den Rückstand gut ausdrücken. 1 l Saft plus 1 kg Zucker oder Honig mindestens 5 Min. gut durchkochen, abschäumen und noch heiß in Gläser füllen.

Likör:
400 g Beeren vorbereiten, zerstampfen, in nicht metallenem Gefäß leicht zugedeckt 1 Woche an warmen Platz gären lassen; gut auspressen und den Saft mit siebzigprozentigem Alkohol verdoppeln. Den Preßrückstand mit 1/2 l Doppelkorn ansetzen, unter häufigem Umschütteln 2 Wochen stehen lassen, auspressen und mit der zuerst gewonnenen Saft-Alkohol-Mischung vermengen. Das Ganze mit 1/4 l Zuckersirup oder Honig süßen und eventuell mit Doppelkorn auf 1 l auffüllen. Der Likör soll mindestens ein halbes Jahr gelagert werden; erst dann ist er gut.

Natur/Krafft/vnd Wirckung

Die Sperweröpffel oder Speyerling sind einer kalten vn truckenen eygenschafft/werden gesamlet/eher dann sie recht zeitig werden/man bereytet sie mancherley/dienet doch alles zum stopffen.

Etliche backen sie im Ofen wie die Holtzbirnen.

Etliche beytzen sie in Honig/wie die Quitten.

Man behellt sie auch grün in süssem gesottenem Wein.

Auch mag man sie in lange Trauben fassen/vn in truckene Gemach auffhencken/so mögen sie ein gute zeit dauren/also abgedörret/vnd so man sie brauchen wil/lesset mans im warmen oder frischen Wasser/oder auch in Wein erquellen/oder man mag sie darinnen sieden vnd geniessen.

So mag man sie auch/wann sie noch vnzeitig sind/von einander schneiden/an der Sonnen dörren/vnd ein Mehl darvon machen/dasselb braucht man zur notdurft in einer Brüe.

Die Bletter vnd Beere von dem Totminali Sorbo kan man nützen/so die zame Speyerlinge nicht vorhanden.

Dieser Baum wechst viel am Hartzwald/welches Innwohner die Beerlin als ein sondere vnd gewisse Artzney wider den Grimmenbrauchen.

Aussen

Speyerlinge zerstossen und mit irem Laub in Wasser gesotten/und darinn gebadet/stillet die Bauchruhr/deß Afftern außgang/und allerley Flüsse.

Ahorn

11. - 20. April und 14. - 23. Oktober

Engelsköpfchenbaum / Massholder / Waldeschern / Messelder / Äsche / Fladerbaum / Urle / Leinbaum / Löhne / Lenne / Acer / Maple / Erable / Weissarle / Bognout

"Ahornlaub - Sterne, sterbend auf nassem Asphalt - gestern noch Tanzend ..."

MARGOT GABRIEL

Der Ahorn - die Eigenwilligkeit

Der Ahorn ist kein alltäglicher Mensch, der in der Menge untergeht, sonders stets durch Phantasie und Originalität - ob im guten oder im schlechten - aus ihr herausragt. Einerseits schüchtern und zurückhaltend, besitzt er doch andererseits einen ungeheuren Ehrgeiz, Stolz und Selbstachtung und ein ungestilltes Verlangen nach neuen Erfahrungen. Er spottet gerne, ist manchmal in sich selbst verliebt und hat es gern, wenn man von ihm spricht. Für Schmeicheleien ist er durchaus empfänglich.

Der Ahorn kann sehr bescheiden leben - falls es sich als notwendig erweist. Eigentlich von guter Gesundheit, ist sein Allgemeinbefinden nicht immer der beste, und auch nervlich ist er nicht sonderlich belastbar. Er hat ziemlich viele Komplexe. Aber er ist sehr intelligent, lernt spielend leicht und hat ein ausgezeichnetes Gedächtnis.

Das Liebesleben des Ahorns ist sehr kompliziert. Er möchte imponieren und dem erwählten Partner meistens seine Launen, manchmal auch seinen Willen, aufzwingen.

Er ist nicht immer auf Rosen gebettet, trotzdem führt er ein interessantes und vielseitiges Leben.

Ahorn

Wer um die geheimen Kräfte der Bäume weiß, der kann sie auch nutzen. Der Ahorn ist ein Mittler zu weiten, klaren Gedankenbereichen und zur Gedankenfreiheit.
Durch bewußtes Sichöffnen für die Baumkraft nehmen wir bereits bei normalem Aufenthalt unter Bäumen von ihr auf; noch stärker wirkt sie jedoch, wenn wir eine Übung unter ihnen machen, z. B. eine Baum-Meditation oder eine Anstell-Übung. Das Anstellen kann auf verschiedene Arten erfolgen, hier die zwei gebräuchlichsten:
1. Mit dem Rücken zum Stamm: Das Kreuzbein - also die Wirbelsäule unterhalb der Taille - wird an den Stamm gelehnt und in derselben Höhe etwa rechts oder links davon die Handflächen.
2. Mit dem Gesicht zum Stamm: Die linke Hand wird nach oben genommen und die Handflächen an den Stamm gelegt, die rechte Handfläche liegt unten - also in Oberschenkelhöhe - am Stamm. Zusätzlich kann der ganze Körper an den Stamm gelehnt werden. Eventuell Handwechsel.
Beim Anstellen wird realisiert, daß wir mit dem Baum verbunden sind. Wir 'fühlen' und 'denken' ausschließlich an die Verbindung mit dem Baum. Die uns durchströmende Baumkraft kann auf

zweierlei Art wirken: Sie bringt uns etwas Gutes (Kraft, Ruhe, Weitblick) oder sie nimmt uns etwas Schlechtes (Krankheit, Sorgen, Kleingläubigkeit), je nachdem, worauf sich unser Wollen richtet.
Beim Anstellen ist einiges zu beachten:
Zu Beginn und um die Wirkung zu erkunden, nicht länger als 5 Minuten, wo möglich mit dem Gesicht nach Osten. Wollen wir die Aufladekraft des Baumes nutzen, so wählen wir bevorzugt die Blütezeit. Nicht anstellen soll man sich bei Regen und nach der Fruchtung; Vorsicht ist geboten bei abendlichem Anstellen.
Jede Baumart hat eine andere Wirkung; je nach Person und nach deren momentaner Stimmungslage variiert diese Wirkung. Leider gibt es nur wenige Hinweise darauf - so muß im Einzelfall jeder für sich und seine momentane Situation den ihm gemäßen Baum herausfinden.
Der bekannteste Ahorn unter etwa 500 Arten ist der Zuckerahorn, ein Waldbaum Nordamerikas, ähnlich unserem heimischen Spitzahorn. Er ist das Nationalzeichen von Kanada; ein Blatt von ihm ziert die kanadische Fahne, und Ahornsirup zum (Buchweizen-) Pfannkuchen gehört unbedingt zum kanadischen Frühstück. Ahornsaft wird wie Birkensaft gewonnen und evtl. zu Sirup eingedickt. Um 500 g Ahorn-Kristall-Zucker zu erhalten, braucht man 50 l Ahornsaft.
In Mitteleuropa sind drei Ahornarten von Bedeutung: Der Bergahorn wird für Möbelholz und als Klangholz für Musikinstrumente genutzt, der Spitzahorn - ein bis zu 20 m hoher Baum - und der Feldahorn, der oft nur Buschgröße erreicht. Der Feldahorn wird auch Maßholder genannt; in diesem Namen steckt das altsächsische Wort ‘mat’ = Speise; der liebliche Maßholder diente früher als Nahrung. Seine Blätter wurden ähnlich wie Sauerkraut eingelegt und milchsauer vergärt und als Gemüse verspeist. Die Blätter können aber auch so verzehrt werden, sie schmecken zuerst säuerlich, nach längerem Kauen süß. Auch für den Boden sind die Feldahornblätter gute Nahrung, sie ergeben guten Humus.

Das Ahornblatt ist ein kühlendes Mittel, es kann gequetscht oder in Wein gesotten überall verwendet werden, wozu viel Hitze am Körper ist, also bei Entzündungen, müden Füßen, Insektenstichen und überanstrengten Augen.
Im Frühling erfreut uns der Ahorn mit einer hellgrünen Blütenwolke, die den Bienen als Weide dient; im Sommer erzählt seine bewegte Krone vom Wind; aber am schönsten ist er im Herbst: Dann ziehen die vielen Tausend Blätterhände des Ahorns bunte Handschuhe an, winken uns lustig zu und werfen doppelt geflügelte Samen aus.
Der Ahorn ist ein Baum Merkurs: immer im Aufbruch in lichte Gefilde.

Von der Krafft ond Würckung

Das laub ond was mehr daran/ist kalter feuchter natur/sagt Galenus/würt zur Artzney auch erwehlet.

Innerlich

Das laub in Wein gesotten ond getrunckt/widerstehet dem gifft der Schlangen.
Gemelte bletter mit Essig bereit ond genossen/soll gut sein für das brechen.
Die grünen beer mit Wein getruncken/helffen wider Schlangen biß.

Eusserlich

Die rinden inn Essig gesotten/onnd den selben im mund gehalten/stillet das zanwehe.
Die zarten bletter/wan sie noch jung seind/mit weissem Wein gesotten ond zu den augen genützet/stillen die flüß ond das rinnen der selben.
Gemelte kochung oder das jung laub für sich selbs zerknütschet/oond obergelegt / zertheilet geschwulst/hitzige beulen/allen brandt vom Fewr oder kelte entstanden. Andere mehr tugent mögen auß jetzernenten erfunden werden.

Plinius schreibet lib. 24. cap. 8. Wenn man die Wurtzel zerstosse/und über die Leber lege/soll sie die Schmertzen derselbigen hinwegnehmen.
Das junge Laub in Wein gesotten und übergelegt/legt die hitzige Geschwülst der Augen.
Dodanaeus meldet/daß die Griechen gar nichts von dem Gebrauch des Ahorns geschrieben haben.

Nußbaum

21. - 30. April und 24. Oktober - 11. November

Welschnuss / Juglans / Walnut / Hickory / Noyer / Walnuss

"Unter Nußbäumen und Edelleuten kommt kein gut Kraut auf."
ENGLISCHES SPRICHWORT

Der Nußbaum - die Leidenschaft

Der Nußbaum hat einen unbeugsamen Charakter, sonderbar und voller Kontraste! Oftmals egoistisch, aggressiv und unnachgiebig; gleichzeitig edel und mit einem weiten geistigen Horizont. Seine Reaktionen sind unerwartet und spontan, und sein Ehrgeiz ist grenzenlos. Das Fehlen jeglicher Flexibilität macht ihn zu einem schwierigen Partner. Er ist nicht immer beliebt, aber er wird oft bewundert und erfreut sich großer Autorität. Selten ruht er aus und läßt auch andere nie zur Ruhe kommen. In höheren Positionen ist er ein genialer Stratege von vielseitiger Intelligenz. Seine berufliche Entwicklung ist immer von Fleiß und Strebsamkeit gekennzeichnet, ihm liegt nichts an billiger Popularität!
In Liebesdingen reagiert er ausgesprochen eifersüchtig und in Gefühlsangelegenheiten sehr leidenschaftlich. Ein ungewöhnlicher Partner, der sich auf keine Kompromisse einläßt. Der Umgang mit solch einer Persönlichkeit birgt viele Überraschungen und nicht immer nur angenehme. Man riskiert viel Gutes, aber unter Umständen auch viel Schlechtes, wenn man ihm begegnet.

Nußbaum

Der Name Walnuß bedeutet Welsche Nuß und erinnert daran, daß der Nußbaum von Italien her zu uns kam. Er wächst hier nur in milden Klimagegenden, denn er ist frostempfindlich. Sein botanischer Name 'Juglans regia' sagt, daß er bei den Römern dem temperamentvollen Gott Jupiter geweiht war, denn juglans ist die Zusammenziehung von jovis glans = Jupitereichel. In Griechenland war die Walnuß Speise der Götter und ein Fruchtbarkeitssymbol.

Als schmackhafte Frucht in einer harten Schale ist die Walnuß auch Symbol des Wesentlichen, nämlich dessen, was hinter Äußerlichkeiten verborgen ist. Und wenn die Volksweisheit von einem Menschen sagt, daß er einen weichen Kern in einer rauhen Schale hat, so meint sie, daß der eigentlich gute Kern dieses Menschen nur hinter harter Schale versteckt ist. Weil die Nuß erst mühsam aus der Schale befreit werden muß, ist die Walnuß auch ein Symbol der Geduld.

So haben wir die verschiedensten Eigenschaften in der "Jupitereichel" symbolisiert: feurige Herrschaft, innige Wesenheit, Fruchtbarkeit und Geduld.

In der Bach Blütentherapie ist die Walnuß verbunden mit dem Seelenkonzept des Neubeginns und der Unbefangenheit. Im negativen Walnuß-Zustand ist man mehr als gut in der Vergangenheit verhaftet.

Die Walnuß ist eigentlich keine Nuß, sondern eine Steinfrucht entsprechend dem Kern von Pflaume oder Kirsche. Der eßbare Teil, also der Nußkern, enthält bis zu 50 % Öl, das zu Speiseöl, Ölfarbe und als Sonnenöl taugt; das Öl färbt die Haut bräunlich. Aus Blättern, Rinde und insbesondere den grünen Nußschalen wird Farbstoff sowie Beize für Stoff und Holz gewonnen; Nußbaumholz wird zu kostbaren Möbeln verarbeitet. Die Nuß gibt Weich- und Frischkäse eine ganz spezielle Würze; sie macht Alkohol, insbesondere Wein, bekömmlich; sie gehört zum Weihnachtsfest wie der Tannenbaum und ist zum Kochen und Backen eigentlich viel zu schade.

In der Volksmedizin werden hauptsächlich die Blätter verwendet; sie helfen gegen parasitäre Insekten; sie reinigen Wunden und fördern ihr Verheilen; sie zählen zu den besten Heilmitteln bei Weißfluß (innerlich als Tee, äußerlich als Spülung); sie helfen bei vielen Hautkrankheiten, z. B. Milchschorf und Akne. Da ihre Wirkstoffe die Stoffwechsel- und Ausscheidungsorgane anregen, dienen die Walnußblätter hervorragend zur sogenannten 'Blutreinigung'. Und J. P. Hebel sagt von ihnen:

'Hab ich kein' Tabak auch
Nußbaum gibt guten Rauch.'

Von der Krafft onnd Würckung

Die gedörrte Baumnuß seind wärmer dann die grünen/die grünen gessen/bewegt den Bauch/die gedörrte erwecken hitzige bläterlein im mund/onnd bringen nit vil narung/sagt Galen. lib II de Alimentis. Im Schwabenland ist diese Nuß angenem / am Rhein pflegt man öly darauß zumachen/da findt man ihren auff den äckern oberflüssig.

Innerlich

Baumnuß zerkrechen ond zu essen ist nicht jedermans kost/dann sie beschweren den Magen/seind schwerlich zu verdawen/ond bringe hauptwehe/sagt Diocles. Mehren auch im magen die Gallen/erwecken den Hüsten und erbrechen.

Popeius soll ein büchlein oder handeschrifft des Königs Mithridatis funden haben / darinn stünd geschriben/Zwo gedörrter Baumnuß mit zweyen Feigen ond zwentzig Rauttenbletter/mit einander zerstossen/ein wenig saltz darzu gethon / onnd also nüchtern eingenommen/dem selbigen soll auff gemelten tag sein Gifft schaden.

Baumnuß nüchtern gessen/ond die kerne zerkewet/onnt ober die onsinnige hunds Biß gestrichen/der selbig ders thut/soll sicher sein/das ihm kein weitterer Schade widerfehrt.

Etliche Kuchemeister dörren Nußleuffel/pulveriesiert die selbig/ond brauchen sie für Pfefferwurtz inn der Kost/onnd so man ein wenig gedörrter Salbey darzu nimpt/schmeckt es nicht obel. Das jung gedört laub/wann es noch braunrhot ist/mag gleicher gestalt gebraucht werden.

Grüne Baumnuß omb St. Johanstag eingebeyßt/geben die Weiber den Krancken leuten zu einer sterckung/das lassen wir sie bereitten.

Für die Pestilentz nun nußkerne/weckholterbeer on Rautte/jedes 1 Loth/netze es zu gleich in gütte weinessig/davon nimm morgens früh/so du an de lufft wilt

gehn/einer Welschen nuß groß/so bistu den tag sicher vor der Pestilentz. Du magst es auch bey dir tragen inn einem büchlein/oder bisem apffel onnd daran riechen.
Ein wasser auß grünen Nußschelffen gebrandt/dz drinckt man allein oder mit Theriak zur zeit der Pestilentz.

Eusserlich

Baumnuß kern mit Honig und Rautten zerstossen/ein Pflaster darauß bereit ond obergelegt/leschet entzündte Brustgeschwär/ond miltert den Schmerzen (also genützet) der verrenckten glyder.
Wasser auß onzeittige Baumnussen gebrant um Johanis/hat gleiche würckung.
So man Nuß/Zwybel/saltz ond Honig onder einander gestossen braucht/wie ein Deyglein bereit/onnd obergelegt/heylet die biß der menschen/Affen ond der Hunde / also genützt/vertheyle onnd vertreibt die blawen mäler.
Nußleyffel zu Eschen gebrandt/onnd auff den Nabel gelegt/soll das Grimmen stillen im Bauch.
Auß gemelter Eschen ein Salblein gemacht mit öly/ond de Kindern auff die häupter gestrichen/macht Haar wachsen.
Gebrandte Nußkern inn Wein temperiert zu einer salben/onnd gebraucht/heylet Carbunculos.
Das öly von BaumnußUbraucht man zu gemelten presten.
Auß den grünen frischen Schalen preßt man ein safft/mischet ihn mit Honig/solcher safft dienet wol wider die innerliche halßgeschwäre/so man damit gruglet/ond treibet die flüß hindersich.
Das gumi oder hartz/so auß disem baum schwitzet/mit Rosenwasser zerlassen/ond obergeschlagen/ist gut zu den hitzigen geschwären.

Nuß Oel

Solches Oel nennet Dioscor. Caryinum, ond gibt im gleiche Wirckung mit dem Balanino, welchs man in der Apotecken Oleum de Ben nennet. An vielen orten/sonderlich in Polen/wirdt es anstatt deß Baumöls zu der Speiß gebraucht.
Dieß Oel ist sonderlich gut zu den Schüssen/dann da man es oberlegt sampt deß Baumes Blat/leschet es das Pulver/onnd heylet offt den Schaden ohn andere Artzeney.

Nußblätterwasser

Die Blätter werden abgestreifft/gehackt und im Ende deß Meyen gebrandt.
Nußblätterwasser trucknet offne Schäden/löchet alle Hitz/und macht gleiche Haut über den Schaden wachsen/mit Tüchern darüber gelegt/und Abends und Morgens gewaschen.

Kastanie

15. - 24. Mai und 12. - 21. November

Kestenbaum / Chestene / Kistelä / Castanea / Chestnut / Marone / Chataignier

"Die Schar der zaghaften Kastanien wird wankend und schwarz wie Pech."

TALIESIN DER BARDE: LE COMBAT DES ARBRISSEAUX

Die Kastanie - die Redlichkeit

Die Kastanie ist von einer nicht alltäglichen Schönheit und gewinnt erst durch näheres Kennenlernen. Sie bemüht sich nie um die Gunst der anderen und will niemanden beeindrucken. Sie besitzt ein ausgeprägtes Gerechtigkeitsgefühl, reagiert lebhaft und interessiert, kann sich für eine Idee begeistern und voll einsetzen, kann sich aber auch still zurückziehen. Sie ist ein geborener Diplomat! In Gesellschaft ist sie reizbar und empfindlich, doch meist nur aus Mangel an Selbstvertrauen. Deshalb gibt sie sich auch oft überlegen, während sie in Wirklichkeit leidet, denn sie fühlt sich häufig unverstanden und ohne Echo.

In der Liebe ist sie leicht berechnend, doch wenn sie liebt, dann nur einmal! Sie findet nur schwer einen Partner, obwohl sie sich sehr nach einer festen Beziehung sehnt. Für ihre Familie tut sie alles und weiß sich in allen Lebenslagen gut zu helfen. Das Schicksal der Kastanie ist sehr von ihrer Umgebung und ihren Lebensumständen abhängig. So findet man auf der einen Seite viele Kastanien, die Karriere machen, während auf der anderen Seite viele ihr Leben lang gegen Widrigkeiten ankämpfen, ohne die erwünschte Genugtuung zu finden.

Kastanie

Es gibt zwei verschiedene Kastanien, die botanisch nicht miteinander verwandt sind: Die Edelkastanie oder Eßkastanie (castanéa sativa) und die weißblühende Roßkastanie (aesculus hippocastanum). Beide kommen aus dem Mittelmeergebiet, beide werden in der Volksmedizin verwendet; außerdem wird bei uns noch eine nahe Verwandte der Roßkastanie angepflanzt: die aus Kalifornien stammende, nicht ganz so großwüchsige rotblühende Kastanie. Der Sonnenkönig pflanzte die stattliche mächtige Roßkastanie als prunkvolle Zier seiner Parks und Alleen und die Duodezfürsten Deutschlands machten es ihm nach. So wurde sie weitverbreitet, zur Freude der Kinder. Schon im Winter hat die Kastanie Knospenkerzchen aufgesteckt und wartet ungeduldig auf die wärmende Sonne. Im Frühling glänzt sie dann mit üppigen Kerzen, deren jede wie ein kleiner weißer Blütenbaum in der ergrünenden Krone sitzt. Viele gelborangefarbene Kleckse signalisieren den Bienen nahrhafte Fülle. Bald spreizt die Kastanie ihre Blätterhände mit den breiten Blätterfingern.

'Schwarzschattende Kastanie
Mein windgeregtes Sommerzelt...'

singt Conrad Ferdinand Meyer von ihrer mächtigen Krone. Wenn die Blütenkerzen ihre weißen Blätter abwerfen, dann sieht man schon die winzig kleinen grünen Früchte; man kann ihnen beim Wachsen zusehen und im Herbst hängen sie prall und stachlig am Baum; wenn der Herbstwind in die Bäume fährt, wirft er sie stürmisch ab. Nun hat die Kastanie eigentlich genug getan für dieses Jahr, und bald wirft sie ihre Blätter hinter den Früchten her.
Die Roßkastanie hat ihren Namen nicht von den Pferden, obwohl ihre Früchte früher bei Pferdehusten verwendet wurden, sondern von dem alten Wort 'roß', welches 'falsch' bedeutet. Sie ist also eine falsche Kastanie, und obwohl ihre Früchte denen der Edelkastanie stark ähneln, sind sie dem Menschen nicht bekömmlich. Die Früchte der Eßkastanie dagegen sind sehr schmackhaft und

als Maronen beliebt, sowohl roh wie auch als heiße Maroni vom Weihnachtsmarkt. Die Kätzchen der Edelkastanie nimmt man zu Sitzbädern und innerlich als Tee bei Durchfall; das zerstoßene Holz und die Rinde wirken adstringierend und können äußerlich und innerlich gebraucht werden; Tee aus Blättern ist auswurffördernd und wird bei Husten und Bronchitis genommen.

Die Edelkastanie ist nach Bach mit dem Prinzip der Erlösung verbunden; im negativen Zustand ist man überzeugt, den Punkt erreicht zu haben, wo es keinerlei Hoffnung mehr gibt. Aus der weißblühenden Roßkastanie gewinnt Bach zwei verschiedene Essenzen: Die Knospe (Chestnut Bud) steht im Zusammenhang mit der Seelenqualität des Lernens und der Materialisation, im negativen Zustand fällt es einem schwer, die innere Gedankenwelt in der richtigen Form mit der materiellen Realität zu koordinieren. Die Blüte (White Chestnut) ist verbunden mit geistiger Ruhe und Unterscheidungsfähigkeit, die im blockierten Zustand zu falschverstandenen Gedankenkonzepten wird.

Die rote Kastanie (Red Chestnut) ist mit der Seelenqualität der fürsorglichen Zuwendung verbunden, im negativen Zustand wird diese Eigenschaft stark übertrieben, so daß andere Menschen unzulässig beeinflußt werden.

Die Früchte der Roßkastanie enthalten bittere Gerbstoffe und Seifenstoffe, deshalb dienten sie gemahlen früher als Brechmittel sowie als fettlösendes Handwaschmittel; als Viehfutter für Schweine, Schafe und Wild dienen sie auch heute noch. In der Schulmedizin werden Präparate der Roßkastanie insbesondere bei venösen Stauungen (Krampfadern, Hämorrhoiden) eingesetzt; außerdem bei Prellungen und Blutergüssen. Die Volksmedizin nimmt die Roßkastanie darüber hinaus bei Rheuma, Gicht und Durchblutungsstörungen.

Bäder und Umschläge:

Etwa 1 kg zerkleinerte Früchte kurz aufkochen, 10 Min. ziehen lassen und diesen Auszug dem Badewasser beigeben.

Die weichgekochten Früchte ohne Schalenanteil ergeben einen warmen Breiumschlag.

Natur/Krafft/vnd Wirckung

Die Castanien ziehen zusammen/trucknen/säubern/blehen auff/sind doch nicht so kalter Natur wie andere Eycheln/dann wegen deß süssen geschmacks haben sie etwa ein wärme.

In Leib

Castanien stopffen die Bauchflüsse/vnnd sonderlich so sie trucken sind. Sie helfen auch denen/welche Blut außwerffen/vnd die etwa Zeitlossenzwibel gessen oder getruncken haben.

Das Wasser darinnen Castanien mit ihren Schelen sind gesotten/ist auch fast nütz vnd bewehret zu allerley stopffung. Insonderheit aber vnd am meisten stopffet die allerinnerste Schelen oder Häutle ob den Kernen/in Wasser gesotten vnd getruncken/verstellet also allerley Bauchflüsse/rote Ruhr/Blutspeyen/die oberflüssige Blumen der Weiber/vnd zu den vnmässigen purgationen thut sie wunderliche hilff/wie ich oft berechnet hab.

So man der Castanien zu viel esset/machen sie wehetagen deß Haupts/bringen mit sich viel bläste/sind hartdewig. Doch sollen die gedörrte und gebraten Castanien etwas besser seyn/dann die rohen. Ja so man sie mit Pfeffer vnd Saltz bestrewet / vnnd isset/machen sie geyl vnd vnkeusch.

Castanien gebraten/mit Honig oder Zucker nüchtern eyngenommen/sind gut wider den Husten.

Die Milch oder Safft auß den Castanien gezogen mit Süßholtzwasser/vnnd darzu gethan ein wenig von weissem Mohnsamen/ist nützlich denen/welche ein brennen in dem Harnlassen entpfinden/welches vnd viel andere gute bewerte Stück mehr / mir vor der zeit sind mitgetheilt worden/von meinem großgünstigen Herrn / vnd lieben Praeceptore, dem Edlen vnd hochgelehrten Herrn/D. Ioanne Craton von Crafftheim/Röm.Keyserl.Maiestat Leib Medico.

Castanien gedörrt vnd gepulvert/mit zerstossenen Krebßaugen/vnd Eppichwasser eyngenommen/machen wol harnen.

Aussen

Gebraten Castanien zerstossen mit Honig vnnd Saltz vbergelegt/seind nützlich denen/so von rasenden Hunden gebissen sind.

Mit Gerstenmehl vnd Essig vbergelegt/zertheilen sie die hartigkeit der Brüste.

Esche

25. Mai bis 3. Juni und
22. November bis 1. Dezember

"Asch / Aspalter / Escherbaum / Wundbaum / Steinesche / Ische / Fraxinus / Ashtree / Frêne / Steinesche

"Die Esche Yggdrasil duldet Unbill mehr als Menschen wissen."
GRIMMISMÂL (EDDA)

Die Esche - der Ehrgeiz

Die Esche hat ein ungewöhnlich anziehendes Wesen und ist beliebt bei Freunden und Fremden. Aufgrund ihres lebhaften Charakters, impulsiv und fordernd, macht sie stets das, was sie für richtig hält und pfeift auf Kritik oder gar boshafte Bemerkungen. Sie steht immer über der Masse.

Die Esche ist ehrgeizig, intelligent, begabt - fast immer eine glänzende Persönlichkeit. Hochgestreckte Ziele erreicht sie meist spielend, doch wenn ihr das nicht gelingt, zieht sie sich von der Welt zurück, manchmal bis ins Kloster. Meist sucht sie das Ungewöhnliche und spielt mit dem Schicksal. Obwohl sich die Esche im allgemeinen wohlwollend und freundschaftlich verhält, kann sie auch egoistisch sein und ihrer Umgebung ihre Forderungen aufdrängen. Aber was soll man anderes erwarten - schließlich handelt es sich bei der Esche ja nie um eine durchschnittliche Persönlichkeit. Stets kann man ihr vertrauen und auf sie bauen.

In der Liebe ist dieser schwärmerische Individualist treu und umsichtig. Manchmal überwiegt der Verstand das Gefühl - aber wenn sich die Esche einmal für das Leben zu zweit entschieden hat, dann ist es ihr sehr ernst damit.

Ob es stürmt oder schneit, ob gute oder schlechte Tage kommen, im Schatten ihrer Zweige wird es dir immer gut gehen.

Esche

Drei Wurzeln strecken sich nach drei Seiten
Unter der Esche Yggdrasil.
Hel wohnt unter einer, unter der andern die Hrimthursen,
Aber unter der dritten die Menschen.

Grimnismâl 31

So erzählt die 'Edda', die im 13. Jahrhundert in Island aufgeschriebene germanische Dichtung, von der Weltesche Yggdrasil. 'Die Esche Yggdrasil ist der Bäume erster ...' Als herrlich stattlicher Baum überragt ihre Krone selbst Asgard, den Wohnsitz der Götter, ihr Stamm ist die himmelragende Säule und ihre drei Wurzeln reichen bis in die Unterwelt. Yggdrasil ist der Schicksalsbaum der Welt: schön, aber von vielen Feinden bedroht. Naht die Götterdämmerung, dann erliegt sie ihren Feinden - sie stürzt, und mit ihr bricht die Welt zusammen.
Die 'Irminsul' war das irdische Sinnbild der Weltesche.
Im keltischen Alphabet nach Graves steht die Esche als 'Nion' an dritter Stelle. Sie symbolisiert die Macht des Wassers, die wohltätige ebenso wie die zerstörende. Mit ihr kann man den ausbleibenden Regen herbeizaubern; da sie auch vor dem Ertrinken schützt, wurden in Island Ruder und andere Bootsteile daraus hergestellt. (Auch der Stiel des Hexenbesens ist aus Esche und schützt dadurch die Hexe vor dem Ertrinken!)
Aber die Esche hat auch eine ganz besondere Beziehung zum Feuer. Die 'Kunst', der Reiswellenofen der Schwarzwaldhöfe, wird mit Eschenholz beheizt, und in England wird sie als der 'Hölzer Königin' für Kaminfeuer besungen.
Wo die Macht des Wassers und die Kraft des Feuers zusammentreffen, ist Kampf. So ist das besonders harte und doch elastische Eschenholz auch begehrtes Waffenholz für Armbrust, Lanze, Bögen und besonders für Speere. Der Speer, mit dem Achilles den Hektor tötete, war ein Eschenspeer aus einem heiligen Eschenhain und von dem Zentauren Chiron mit einer ehernen Spitze angefertigt. Heute ist Eschenholz als Möbel-, Wagner- und Werk-

zeugholz und für Sportgeräte gebräuchlich. Die Esche - eine Verwandte des Ölbaums - kann bis zu vierzig Meter hoch und älter als zweihundert Jahre werden. Sie ist ein stattlicher Baum der Auwälder, welcher oft auf die unteren Äste zugunsten einer runden Krone verzichtet. Ihre gefiederten Blätter lassen wohlwollend Licht für die Pflanzen zu ihren Füßen durch; hier wachsen allerdings nur Nitratpflanzen, d. h. solche, die stickstoffhaltige Böden brauchen. Dieser Lichtbaum ist frostempfindlich und treibt deshalb spät; eine alte Bauernregel sagt dazu:

'Grünt die Esche vor der Eiche,
bringt der Sommer große Bleiche.
Grünt die Eiche vor der Esche,
bringt der Sommer große Wäsche.'

Die Esche war früher beliebter Hausbaum, denn neben ihrer mythologischen Bedeutung hatte sie auch große materielle Vorzüge: Das Eschenlaub ist die Lieblingsspeise der Ziegen und der Schafe; und Milchkühe produzieren mehr Rahm, werden sie damit gefüttert. Außerdem gab es gute Stallstreu.
In der Volksmedizin wurden die Blätter als harntreibendes und mild abführendes, sowie blutreinigendes Mittel insbesondere bei Gicht und Rheuma gebraucht, und zwar als Tee und auch als Badezusatz. Man kann sie auch roh als Salat essen, sie schmecken jedoch bitter zusammenziehend. Eschenlaub, zu gleichen Teilen mit Farnkraut gemischt, ergibt ein gutes Lager für Rheumakranke; ebenfalls von Rheumatikern geschätzt ist der alkoholische Auszug aus Eschenfrüchten, er wirkt ähnlich wie Franzbranntwein.
Die Eschenrinde, von etwa dreijährigen Zweigen im Frühjahr abgelöst, ist die europäische Chinarinde; sie wirkt fieberhemmend (günstig bei Infekten) und adstringierend, deshalb wird sie bei hartnäckigem Durchfall eingesetzt.
Die in den Früchten enthaltenen ölhaltigen Samen werden nach kurzer Trocknung gemahlen und dienen als Gewürz ähnlich wie Piment.

Von der Natur/Krafft und Eigenschafft

Der Eschbaum ist truckner und zusammenziehender Natur. (Der Saame ist wie etliche wöllen/warm und trucken im dritten Grad.)

Innerlicher Gebrauch

Der Saame so an Eschblättern wächst/ist gut für die Lebersucht/Lendenwehe und Wassersucht.

Die Rinde gesotten in Wein/und den getruncken/verzehret die bös Phlegmata im Menschen/und benimmt auch die Krankheit/darvon sich die Haut am Menschen erhebt.

Dieses Baums Rinden gesotten in Wein/und den getruncken von dem der ein hart Miltz hätte/es erweichets ohne zweiffel/(derohalben etliche Trinckgeschirr von diesem Holtz machen/und trincken daraus wider jetzt genannten Bresten: treibt den Harn kräfftiglich/dahers auch den Wassersüchtigen dienstlich ist/dienet auch wider das hefftige Seitenstechen.

Der Saamen/Lingua avis genennt/sol im Herbst gesamlet werden/so die Hülsen gelb werden/welcher gestossen/und in Wein getruncken/ist gut wider das Seitenwehe/dienet dem zitternden Hertzen/treibet den Harn: zweyer Gülden schwäx / mit Zirbelnüßlein oder Pinienkörnern/Pistacien und Indianischen Nüssen vermengt/und offt gessen/reitzen zu den ehelischen Wercken/und mehret die Natur. Man kan auch Zucker darzu thun/und also ein Confect/gleich dem Marcipan davon zurichten.

Im Wintermonat eingetragen/in einem Ofen gebörrt/und in altem Wein geingenommen/treibt Sand und Stein aus den Nieren.)

Der Safft von Escherlaub mit Wein getruncken/(ober die Blätter gestossen und aufgelegt)/heilet die Natterbiß.

Die Rinde dieses Baums wird gelobt/daß sie den Miltzsüchtigen gar nutzlich sey. (Wider den Stein ein köstlich Experiment: nimm Eschernholtz/in kleine Scheiblein zerschnitten/zwo Handvoll/geuß darüber weissen Wein drey Pfund/vermache das Geschirr/und laß das Drittetheil einsieden: seige es durch ein leinen Tuch/geuß darvon ab einen zimlichen Trunck/misch darunder ein Quintlein subtil Segmähl von dem Aescherholtz/trinkcks acht Tag nach einander früh warm.

In Welschland wird die Manna gemeiniglich auf dem Aeschbaum gefunden und gesammlet/wie dann Altimarus und Costaeus schreiben.

Eusserlischer Gebrauch

Eine gute Artzey für diejenigen/so nicht wol hören: Nimm grün Escherholtz/zünde es an/und dieweil es brennet/so rinnet eine Feuchtigkeit oder Safft davon/den behalte. Nimm diesen Safft/auch den Safft von Waldrüben/oder Erdscheiben/von

Meerzwiebeln und Rauten/eines so viel als des andern/mische sie zusammen/lass einmal aufsieden(und so du wilt schlaffen gehen/tropffe diß Wasser warm in das gesunde Ohr/und Schlaff auf dem andern krancken Ohr. So aber beyde Ohren bresthafft sind/so laß diß Wasser in das Ohr/welches den geringern Schaden hat/und lege dich auf das ander.

Dieses Baums Wurtzel ist gut zu den frischen Wunden/in Wasser gesotten/und die Wunden darmit gewaschen.

Die Rinde von diesem Baum frisch auf die neuen Wunden gebunden/zeucht sie zusammen/daß man sie nicht hefften darff.

(Item die Rinde in Essig gesotten/und mit einem Schwamm warm über den Magen gelegt/ist gut wider das oben ausbrechen. In rohtem Wein gesotten/ist gut wider den Blutgang/auf dem Bauch gelegt.

Die Aeschen aus den Rinden gebrannt/mit Wasser vermischet/und angestrichen / vertreibt den Grind und Räude.

Von Eschern Oel und Wein

Aus dem Holtz und der Rinden wird ein Oel per descensum bereitet/gleich wie aus dem Wachholderholtz/welches eingenommen/und äusserlich übergestrichen/alles das vorgemeldet kräfftiglichen verrichtet.

Man pfleget auch von den Spänen ein vier oder sechs Aemichs Fäßlein auszufüllen/und den Wein so täglich getruncken wird/in der Haußhaltung dardurch zu treiben/dann er davon klar und schön wird/und gewinnet eine Krafft zu oberzehlten Gebrechen.

Von Escheren Wasser

Aus dem Laub mitten im Mayen/brennet man ein nutzliches Wasser/die Dolden sollen mit Essig wol zerstossen/fünff oder sechs Tag mit enander erbeitzt/und dann in Balneo Mariae herüber getrieben werden: welches mit Tüchlein übergeleget(auch den Schaden offt darmit gewaschen/vertreibet alle unreine Masen/Zittermähler und Flechten der Haut/heilet alte Schäden. Man brennet auch aus den frischen Rinden/Blühet und Blättern/welches wider den Stein und Gelbsucht überaus gut soll seyn.)

Hainbuche

4. - 13. Juni und 2. - 11. Dezember

Hagenbuche / Spindelbaum / Carpinus / Weissbuche / Pinnholtz / Hanhödlin / Charme / Hornbeame / Hardbeame

"Nur lichtgrün verschwiegene Wildnis allum und der Hainbuchen Scharen verträumt und stumm."

JOSEPH VIKTOR VON SCHEFFEL

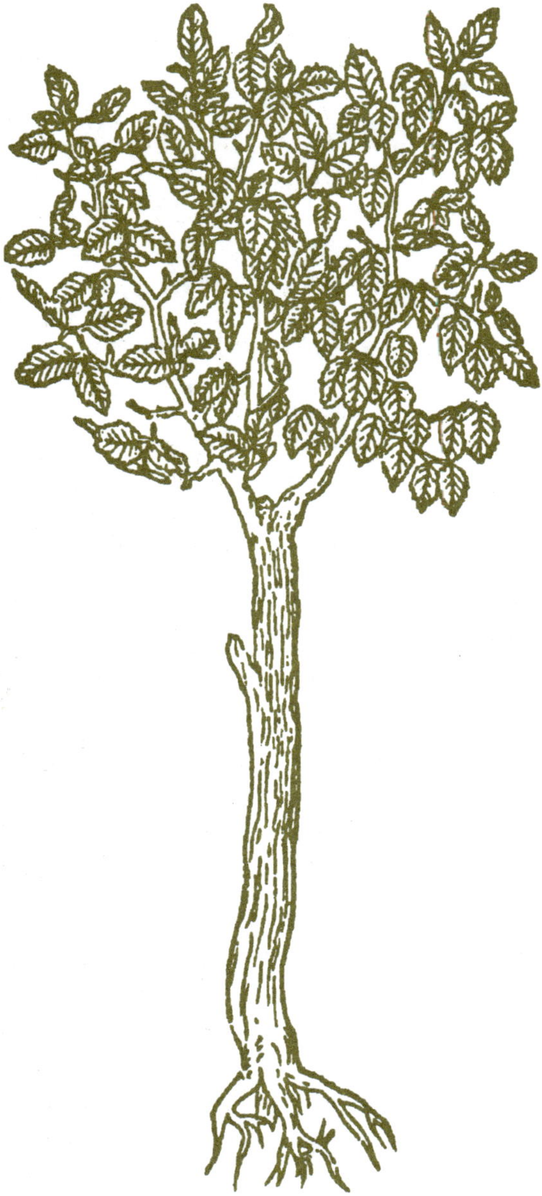

Die Hainbuche - der gute Geschmack

Die Hainbuche ist von kühler Schönheit, die nicht nur in jungen Jahren viele Blicke auf sich zieht. Sie achtet sehr auf ihr Äußeres und ihre Kondition, sie beweist stets einen guten Geschmack. Obwohl sie manchmal ein wenig zum Egoismus neigt, tut sie das nur, um sich das Leben so angenehm wie möglich zu gestalten. Sie führt ein vernünftiges, diszipliniertes Leben. Doch unter der dünnen Schale der Vernunft schlummern viele verschiedene Wünsche. So sucht sie Wärme, den gefühlvollen Partner, Beifall, Bewunderung und Anerkennung. In der Liebe sucht sie das Nichtalltägliche, spinnt Träume und ist selten glücklich mit ihren Gefühlen. Sie wird öfter geliebt als sie wiederliebt.

Die Hainbuche überlegt zu oft und manchmal zu lange; immer glaubt sie, falsch zu wählen. Immer hat sie Angst, betrogen zu werden und mißtraut fast allen Menschen.

Aber sie ist sehr pflichtbewußt, manchmal bis zur Übertreibung. Und das kann dann schwer auf ihrem Privatleben lasten. Trotzdem schlägt sie häufig eine künstlerische Laufbahn ein.

Hainbuche

Mit Holunder und Haselstrauch gehört die Hainbuche zu den geheimen magischen Hölzern der großen weisen Frau. Deren irdische Vertreterinnen waren in vorchristlicher Zeit die Kräuterweiblein und Nothelferinnen, die sich in der Volksmedizin auskannten und auch magische Gebräuche pflegten. Diese Frauen wurden im christlichen Mittelalter als 'Hexen' verfolgt. Der Ursprung des Wortes 'Hexe' ist umstritten; eine der Deutungen besagt, daß es aus dem Wort 'Hagse' abgeleitet ist. Die Hagse ist die Frau, deren Werkstätte der Hag ist und dieser Garten wird natürlich von der 'Hagebuche' eingesäumt. 'Hagebüchen' nennt man einen grobklotzigen, engstirnigen Menschen, der mit dieser Eigenschaft der Härte des Hainbuchenholzes ähnelt. Ihre anderen Namen 'Jochbaum' und 'Eisenbaum' weisen auf ihre Nutzung zu Gerätschaften hin; da ihr Holz sehr hart ist, eignet es sich hervorragend für Maschinenteile; früher wurde es auch für Mühlräder, heute hauptsächlich zu Werkzeugteilen verarbeitet. Ihre Triebe schmecken den Wildtieren ebenso wie den Haustieren, und da sie sehr regenerationsfähig ist, diente die Hainbuche früher als 'Futterbaum'. Die Hain- oder Weißbuche ähnelt zwar der Buche, ist aber nicht mit ihr verwandt. Ihr Stamm ist nicht so fein grünsilbern, sonder graubraun und mit Längsfalten versehen. Auch ihr Blatt hat Falten, ist schmaler als das Buchenblatt und am Rand doppelt gezähnt. Spät hängen noch die Trauben der geflügelten Früchte in dem kahlen Gezweig.
Die Hainbuche ist eine der Pflanzen, die in der 'Blüten-Therapie' des englischen Arztes Dr. Edward Bach verwendet werden.
Auf intuitivem Weg fand er die infrage kommenden Pflanzen und die Herstellungsmethode seiner Essenzen:
Die Blüten wildwachsender Pflanzen von speziellen Fundorten werden bei voller Sonne gepflückt und auf eine Schüssel voll Quellwasser gelegt; durch natürliche Alchemie überträgt sich die Pflanzenenergie auf das Wasser, welches, später gefiltert und mit Alkohol versetzt, die Essenz ergibt. Mit den von Bach gefundenen 38 Essenzen werden also keine Symptome behandelt - wie

heute üblich -, sondern Schwächezustände der Seele, so daß die Seele und damit auch der Körper geheilt wird.
Die Weißbuchen-Essenz wird angewandt, wenn folgendes Krankheitsbild der Seele diagnostiziert wird: Müdigkeit, mentale Erschöpfung als vorübergehender oder länger andauernder Zustand. Ihr positiver Zustand ist: innere Lebendigkeit und geistige Frische.

Krafft und Wirckung

Die Blätter und Frucht auß Wein getruncken/sind gut zum Seitenwehe/und trucken die Wassersucht nieder

Die Frucht treibt sonderlich den Harn. Reitzet auch zu den natürlichen Wercken / und mehret den Samen der Natur.

So man die Beer mit der laugen siedet/onnd das Haupt darmit zwaget/ferben sie das Haar gelb/tödten die Leuß ond Niß. Auch erweychen ond zertheilen sie/so mans eusserlich oberlegt.

Hainbuche

Dein Holz - so hart wie Eisen -
brachte so manche Mühle in Gang.

Doch mehr noch liebe ich
die schattenspendenden Laubengänge,

gestutzt in einer verspielten Laune -
als Geschenk für zärtliche Spaziergänger.

ALEKE THUJA

Feigenbaum

14. - 23. Juni und 12. - 21. Dezember

Viygheboom / Ficus / Figuier / Figtree / Pipal / Bodhi-Baum

"Man lieset keine Feigen von einem Dornenstrauch."
MITTELALTERLICHES SPRICHWORT

Der Feigenbaum - die Empfindsamkeit

Die Feige ist eine starke, aber etwas eigenwillige Persönlichkeit, die nicht jedem gefällt. Sie ist unabhängig in ihrem Urteil und duldet keinen Widerspruch. Unter Umständen geht sie sogar so weit, daß sie ihre Widersacher gewaltsam unterdrückt.
Sie liebt das Leben, im allgemeinen und im besonderen das familiäre. Doch nicht nur im Kreis der Familie fühlt sie sich wohl, sondern sie möchte immer von liebenden Menschen aller Art umgeben sein. Sie ist ausgesprochen herzlich zu Kindern und Tieren. In der Liebe ist sie eher flatterhaft, was ihr häufig Komplikationen, Sorgen und manchmal sogar Leiden einbringt.
Sie ist humorvoll und bekennt sich insgeheim zu Bequemlichkeit und Faulheit. Trotzdem steht sie mit beiden Beinen fest im Leben und plant geschickt und zielbewußt. Ihre Begabung und ihre Intelligenz sind fast immer praktischer Natur.
Es lohnt sich, sein Leben mit der Feige zu verbinden. Man wird es nie bereuen - aber man darf auch keine Wunder erwarten.

Feigenbaum

Der Feigenbaum (ficus) ist ein alter heiliger Baum. Die Bibel berichtet, daß Adam und Eva sich nach dem Sündenfall Schurze aus Feigenblättern flochten - die Feige stand also bereits im Garten Eden. In Ägypten war die Dattelfeige Wohnsitz mehrerer Göttinnen, insbesondere der Isis; der Baumsaft säugte Helden. Aus dem fast unvergänglichen Holz des 'Ägyptischen Feigenbaumes' (ficus sycomorus) wurden Mumiensärge hergestellt. Der 'Pappelfeigenbaum' (ficus religiosa) aus Ostindien ist ein hoher Baum mit großer Baumkrone - unter ihm sitzend erlangte Buddha die Erleuchtung.
Nach der griechischen Mythologie ließ Demeter den Feigenbaum als ein Gastgeschenk für den Phytalos, der sie freundlich aufgenommen hatte, in Attika aus der Erde sprießen. Seine Ausfuhr war verboten. Später kam er nach Rom; die Sage erzählt, daß Romulus und Remus von der Wölfin unter einer Feige gesäugt wurden.
Der Gummibaum (ficus elastica) - bei uns als Zimmerpflanze gehalten - ist einer der Bäume, aus deren Milchsaft Kautschuk (Naturlatex) gewonnen wird. Eine weitere beliebte und anmutige Zimmerpflanze ist die Birkenfeige (ficus benjamina). In Süddeutschland wachsen einige Feigenarten auch im Freien.
Neben Kautschuk, eßbaren Blättern, Bast und Holz nutzen wir vom Feigenbaum die Früchte - sie enthalten bis zu 50 % Zucker. Edgar Cayce, der 'schlafende Prophet', übermittelte uns folgendes Rezept aus dem alten Ägypten und nannte es, zusammen mit Milch genossen, ein fast geistiges Mahl für den Körper.

Mumienspeise:
1/2 Tasse zerkleinerte, entkernte Datteln,
1/2 Tasse zerkleinerte, getrocknete schwarze oder assyrische Feigen,
1 1/2 Tassen Wasser,
1 Eßl. Maismehl oder frischgemahlenen Weizen.
Bei geringer Hitze oder öfterem Umrühren alles 10 Min. köcheln. Mit Milch oder Sahne servieren.

Natur/Krafft/vnd Wirckung

Frische Feigen sind warm im ersten Grad/in der feuchte vnnd trucken halten sie

ein mittel art. Die dürren sind wärmer ond truckner.
Der Baum ist warmer Natur/ond subtiler Substantz/wie sein ond seiner Bletter Safft außweisen.

In Leib

Die frischen newen Feigen sind onter allem Obst das onschädlichste/dann sie seumen nicht lange in dem Magen/damit sie möchten zerstöret werden/sondern gehen ond dringen fort. Sie haben ein art zu säubern/das beweisen sie wol an den jenigen/welchen der Stein vielleids thut/dann so sie Feigen essen/gehet viel Sand von inen.

So man der frischen Feigen viel isset/machen sie den Durchlauff/der sich doch bald selbst stillet.
Auch so man der dürren Feigen zuviel isset/schaden sie/dann sie geberen nicht fast gut Geblüt/machen Leuse wachsen. Auch sollen die jenigen nicht Feigen essen / welche hitzige Geschwulst an der Lebern/oder Miltzen habe. Item/welche die Flüsse von oben herab in den Magen fallen.
Sonst so man die Feigen mässig isset/sind sie zu vielen guten dingen ersprießlich/sie erweichen den Bauch/reinigen die Nieren ond Blasen/bekommen wol dem Halß / und denen/so nach langer Kranckheit bleich sind worden/man sol sie aber mit Pfeffer oder Ingwer/Galgan/Welschenquendel/Dosten/oder Poley essen. Also mag man sie auch darreichen den Wassersüchtigen/denen so schwerlich athmen/ond mit der fallend Sucht beladen sind.

Aussen

Feigen mit dem Gummi Armoniack ond Essig zerstossen/solchs Pflaster obergelegt/zertreibt die harte Beulen/erweicht die Ohrmützel/ond andere Knollen.
So man die Feigen mit Veilgen/Lilgen/oder Eibischwurtzel zerstößt/onnd seudet / biß ein Pflaster darauß werde/solchs obergelegt/zeitiget die Beulen/so in der Schoß neben den Geburtsgliedern auffschiessen.
Weme obrig Fleisch ober die Nägel der Hände oder Füsse wechst/der sol Feigen mit Granatöpffelrinden stossen/ond oberlegen.

Feigen mit Vitriol zerstossen/onnd obergelegt/heylet treffenlich wol die flüssige Malatzey/ond böse Schäden an den Schenckeln.
Feigen mit Gerstenmehl ond Wermut in Wein gesotten/on obergelegt/benimpt den Wassersüchtigen ihre Geschwulst.
Feigen gesotten/onnd mit demselbigen Wasser gegurglet/zertheilet das Halßgeschwer/ond benimpt die rauhe Heyserkeit.
Feigen zu Pulver gebrendt/ond mit ongenütztem Wachß vermengt/ein Pflaster darauß gemacht/heylet die erfrorne Füsse.

Literatur- und Quellenangaben, Danksagung:

Ashe, Geoffrey: Kelten, Druiden und König Arthur-Mythologie der Britischen Inseln. Solothurn/Düsseldorf 1992
Blackwell, Elisabeth: A curious Herbal containing 500 cuts of the most usefull plants. London 1737 - 1739
Bock, Hieronymus: Kreutterbuch. Straßburg 1577
Carnac, Carol: L'astrologie celtique. 1986
Cube, Johann Wannecke von: Hortus sanitatis. Mainz 1485.
Dioscorides: Kräterbuch des uralten und in aller Welt berühmtesten ...
Fabricius, Wilhelm: Heilender Baum (Langenberg 1954)
Fischer, Susanne: Blätter von Bäumen (Haldenwang 1980)
Francia, Luisa: Berühre Wega (München 1982)
Frank, A. von Frankenau: Vollständiges Kräuterlexikon. Leipzig 1766
Graves, Robert: The White Goddess (New York 1975)
Hockenjos, Wolf: Begegnung mit Bäumen (Stuttgart 1978)
Höfler, Dr. M.: Wald- und Baumkulte. München 1892
Huwiler, Frida: Lebensbäume. Begleiter im Werden, Sein und Vergehen. Olten/Freiburg 1989
Jarvis, Dr. D. C.: 5 x 20 Jahre leben (Bern/Stuttgart 1961)
Kobell: Über Pflanzensagen und Pflanzensymbolik. München 1875
Kronfeld, Dr. M.: Zauberpflanzen und Amulette. Ein Beitrag zur Culturgeschichte und Volksmedicin. Wien 1889
Lengyel, Lancelot: Das geheime Wissen der Kelten. Freiburg 1976
Lonicerus, Adams: Kreuterbuch. Kunstliche Conterfeytunge der Bäume, Stauden, Hecken, Kräuter, Getreyd, Gewürtze etc. Franckfurt 1679.
Matthiolus, Pierandrea: Kreutterbuch. Franckfurt 1626
Mességué, Maurice: Das Mességué-Kräuterlexikon. (München o. J.)
Mütsch-Engel: Bäume lügen nicht. Das keltische Horoskop. Verlag Bert Schlender Göttingen 1985
Ranke-Graves, Robert von: Die weiße Göttin. Berlin 1981
Reilly, Harold J/Brod, Ruth Hagy: Das große Edgar-Cayce-Gesundheitsbuch (Freiburg 1977)
Scheffer, Mechthild: Die Bach-Blütentherapie (München 1981)
Schrödter, Willy: Pflanzengeheimnisse (Eschwege 1968)
Schwarz, Aljoscha A./Schweppe, Ronald P./Pfau, Wolfgang M.: Wyda - Die Kraft der Druiden. Freiburg 1989
Strassmann, René A.: Baumheilkunde. Begegnungen und Erfahrungen mit den Heilkräften der Bäume. Aarau 1994
Sun Bear & Wabun: Das Medizinrad - Eine Astrologie der Erde (München 1981)
Tabermontanus, Jacobus Theodorus: Neu vollkommen Kräuter-Buch. Offenbach 1731
Thümen, Felix von: Schriften des Vereins zur Verbreitung naturwissenschaftlicher Kenntnisse. Wien 1881
Thuja, Aleke: Bäume sind Gedichte, die die Erde in den Himm schreibt. Gedichte und Bilder. Verlag Bert Schlender. Göttingen 1984
Thuja, Aleke: Liebeserklärungen an Bäume. Verlag Bert Schlender. Göttingen 1984
Thuka, Aleke: Der Weihnachtsbaum. Geschichte, Gedichte, Geschichten. Verlag Bert Schlender Göttingen 1982
Versteegen, Hein: Schottische Gedichte BÄUME. Verlag Bert Schlender Göttingen 1983
Vescoli, Michael: Keltischer Baumkreis. Zürich 1988

Wir - Autor und Verlag - danken allen, die zum Entstehen dieses Buches beigetragen haben. Unser besonderer Dank aber gilt dem Göttinger Verleger Bert Schlender für die großzügige Abdruckerlaubnis und die Einsichtnahme in das Verlagsarchiv.

Keltische Jahreskreisfeste

Aufgespürt und gefeiert von Varuna Holzapfel

64 S., geb., 3-934254-24-1

Varuna Holzapfel stellt die acht alten keltischen Jahreskreisfeste vor - Samhain, Jul, Imbolc, Ostara, Beltaine, Litha, Lughnasad und Mabon – und gibt viele praktische Tips, wie diese in der heutigen Zeit gefeiert werden können.

Patricia Monaghan

Magische Gärten

Aus dem Amerikanischen übertragen und bearbeitet von Gina Hellmann

240 S., Großformat, gebunden, ISBN 3-934254-15-2

Patricia Monaghan ist Pionierin der spirituellen Frauenbewegung und Autorin einer Reihe Bücher zu diesem Thema, u.a. dem *Lexikon der Göttinnen.*

Magische Gärten zeigt Ihnen, wie Sie einen kleinen unscheinbaren Acker in einen magischen Garten verwandeln können und macht Sie nicht nur mit den praktischen Aspekten, sondern auch mit dem Mythos des Gärtnerns vertraut; verrät Ihnen Tips zur Pflege des Bodens; bringt Gartenrituale und Zeremonien; Meditationen für die Jahreszeiten und die "alten Wege"; hilft Ihnen, Ihren Garten zu weihen; veranschaulicht Pflanzen-Archetypen und –devas; läßt sie den spirituellen Gewinn der Gartenarbeit entdecken; und enthüllt Ihnen schließlich sechzehn phantasievolle Gartenpläne, mit denen Sie den Garten Ihrer Träume schaffen können: Die Einhornwiese, Bastets Katzengarten, zwei Drachengärten, einen Feengarten, einen Hexengarten und viele andere.

Ein wichtiger Beitrag zu der Art und Weise, wie wir mit unserer Mutter Erde umgehen können.

Barbara Ardinger

Meditieren mit der Göttin

Aus dem Amerikanischen von Momo Edel

256 S., Großformat, gebunden, ISBN 3-926374-88-8

Frieden Mitgefühl und Weisheit finden – das ist die Essenz dieser wunderschönen Einweihung in das Herz der Göttin.

Mehr als siebzig geführte Meditationen und Rituale mit der Großen Göttin – u.a. die kraftvolle Säulen-Meditation aus der Kabbala; mit Aphrodite die Herzensliebe wecken; mit Wonder Woman Mut und Stärke gewinnen; mit Hestia den Segen des Hauses sichern; mit Shakti die Weisheit des Körpers erfahren; mit der Weißen Büffelfrau Fehler bearbeiten.

Schließen Sie die Augen ... und laden Sie die Große Göttin ein, Sie mit ihren Meditationen durch den Alltag zu begleiten.

Melissa Bónya

Die schlanke Hexenküche

128 S., brosch. ISBN 3-934254-21-7

Pfunde einfach wegzaubern, wer wünscht sich das nicht. Wohlfühlgewicht ohne Jojo-Effekt – im Einklang mit der Natur, so wie es die Kräuterfrauen in früherer Zeit praktiziert haben. Altes Wissen, die schlanke Hexenküche, von Melissa Bonya wiederentdeckt, mit Kräutern, Wurzeln, Steinen, Ritualen, Visualisierungen und Meditationen – und mit der Hilfe des Mondes.
Ein Buch, das ganz besonders Frauen anspricht, sind sie es doch, die dieses uralte Wissen seit Jahrhunderten in sich tragen.

Melissa Bónya

Schönheit aus der Hexenküche

124 S., brosch., ISBN 3-934254-25-X

„Be-zaubernd schön von Kopf bis Fuß!“ – welches weibliche Wesen hört solch ein Kompliment nicht gern?!
Träumen auch Sie davon, sich wieder im eigenen Körper wohlzufühlen, im Einklang mit der Natur zu sein, und eine magische Ausstrahlung zu gewinnen?
Nur zu! Lassen Sie sich von Melissa Bónyas magischen Schönheitstips inspirieren – einer Mischung aus dem alten Wissen der Kräuterfrauen und den heutigen Erkenntnissen über Schönheit, Haut und alles, was damit zusammenhängt - und Ihr Traum wird Wirklichkeit werden!
Mit zahlreichen Rezepten und den „Sieben magischen Tips gegen Zellulitis“.

Leah Levine

Licht und Schatten der Magie - Wege für ein magisches Leben

196 S. brosch., ISBN 3-926374-65-9

Licht und Schatten der Magie ist die kritische Auseinandersetzung mit theoretischen und praktischen Formen der Magie. Die Autorin ist seit 19 Jahren praktizierende Magierin und Hexe und hat in dieser Zeit viele Aspekte ihres Genres kennengelernt. Das Buch bietet Wege in die magische Praxis mit vielen Ritualen und Anrufungen.